日本人のための
英語音声学レッスン

CD付

牧野武彦―著

大修館書店

はしがき

　本書のタイトルは『日本人のための英語音声学レッスン』です。日本語で書いてあるのだから日本人のための本であることは自明なのですが，それでもなお「日本人のための」をタイトルに冠したのには理由があります。それは，既存のどの英語音声学の教科書よりも，読者が日本語話者であるということに気を配り，内容もそれに特化したものになっていると，著者である私は信じるからです。

　具体的な特徴を以下に列挙しましょう。

1．一般音声学の導入に十分なスペースを割きました。そして，導入にあたっては，読者の母語である日本語の発音から入るということを徹底しました。既存の教科書ではこの部分の扱いが通りいっぺんであったり皆無であったりするのですが，ここの理解が十分でないと，「音声学」といいながら結局はやみくもに聞いた音を真似するだけという非科学的な発音訓練になってしまいますし，英語の発音の全体像もつかむことができません。そのため本書ではここに類書では考えられないほどの紙数を費やしました。

2．日本語の発音をまとまった形で示し，それとの対比において英語の発音を説明しました。本書が対象とする読者（＝ほとんど全ての日本語話者）は，自分が使っている日本語の発音がどのようなものなのか知りません。しかし，日本人が英語の発音を間違う場合，その無意識に使っている日本語の発音の癖が原因であることがほとんどです。類書の中には，個別部分で日本語の発音を引き合いに出しているものはありますが，それならば，まとまった形で提示して全体の体系を比べる方がより深い理解につながると考え，このような形にしました。

3．前項と関連しますが，プロソディー（アクセント・イントネーションなど）の説明において，日本語と英語の発音を，類書では恐らく初めて同一平面上に置いて比較し，違いを記述しました。これに伴い，英語のプロソディーの説明の仕方が従来とは大幅に異なるものになりましたが，これこそが英語のプロソディーの本質を突いており，同時に日本語話者にとってシンプルな説明になっていると信じています。
4．本書で用いている発音表記と，読者が利用している英語辞典の発音表記の対応関係を示すことができるワークシートを用意しました。これは小さな事のようですが，本書で学んだ発音を実際に活用するうえで不可欠なものとして導入しています。

　また，日本の教科書一般に見られる傾向，すなわち紙面での説明を切りつめて，詳しい説明は教員に委ねるというやり方を排し，できる限り紙面における説明だけで完結できるように努力しました。これは，理論と技能が両輪となって初めて意味を持つ英語音声学の授業において，なるべく技能訓練に時間を割けるようにするためです。このことは，CDを付属としたことと相まって，本書を一般の方々が英語発音教本として用いることも可能にしていると考えています。

　本書のプロトタイプは1994年に成蹊大学の「英語音声学」用ハンドアウトとして作成したものです。プロトタイプは96年，97年，98年と改訂を重ねましたが，その後は別の仕事が忙しくなり，しばらくの間放置されていました。今回これを本としてまとめるきっかけになったのは，2003年度に法政大学大学院で行なった授業で読んだ論文により，上記3．の特徴を出す見通しがついたことが大きく寄与しています。また1992年以降，成蹊大学・法政大学・東洋大学・共立女子短期大学・東京女子大学・東京外国語大学において行なってきた英語音声学の授業経験を存分に注入したつもりです。

　どのような本も，著者一人の力で完成することはできません。付属CDの録音に関しては，James　Hartman（米カンザス大学教授），Jerry

Johnson (Neighborhood Studios, Lawrence, KS, USA), Jane E. Setter (英レディング大学講師), Steve P. Nevard (英ロンドン大学音声・言語学科 Experimental Officer), 峯松信明 (東京大学大学院新領域創成科学研究科助教授) の各氏にお世話になりました。特に James Hartman 教授には, アメリカ現地録音という無謀なプロジェクトにおけるスタジオ確保・吹き込み者の見立てに, まるで自分自身の本であるかのような献身的なご協力をいただいたことを特筆して改めて感謝いたします。

また, プロトタイプ段階の音声材料の録音に協力して下さった Stacey Tarvin 磯村氏, プロトタイプを授業で使用して下さった斎藤弘子 (東京外国語大学)・土肥充 (千葉大学) の両氏, そして私自身がプロトタイプを用いて授業を行なった成蹊大学・共立女子短期大学・東京女子大学の学生の皆さんにも感謝したいと思います。大修館書店の康駿氏は本書出版への道を開いて下さいました。編集を担当された辻村厚氏と併せ, 原稿完成が遅れてご心配・ご迷惑をお掛けしたことをお詫びするとともに感謝いたします。

最後に, 本書によって英語の発音についての健全な知識が少しでも日本に普及し, また正しい発音が学習しやすいものになることを願ってやみません。

2005 年 4 月

牧野　武彦

目　次

はしがき *i*
国際音声字母 *viii*
CD 収録内容 *xi*

1　一般音声学 ────────────────── 3
1.1 音声器官 ──────────────── 3
 1.1.1 上部器官のしくみ *3*
 1.1.2 喉頭のしくみ *5*
 1.1.3 声帯の様々な状態 *6*
1.2 音の分類──日本語を材料に ──────── 6
 1.2.1 母音と子音 *6*
 1.2.2 母音の分類 *7*
 1.2.3 子音の分類 *13*
1.3 その他の音 ──────────────── 18
 1.3.1 その他の調音位置 *18*
 1.3.2 その他の調音様式 *19*
1.4 副次調音 ──────────────── 20
 1.4.1 唇音化/円唇化 *21*
 1.4.2 硬口蓋音化 *21*
 1.4.3 軟口蓋音化 *21*
 1.4.4 咽頭音化 *22*
1.5 その他の音の分類基準 ──────────── 22
 1.5.1 音の長さ *22*
 1.5.2 鼻音化 *23*
 1.5.3 無声化・有声化 *23*
 1.5.4 歯擦音 *23*
1.6 音素と音韻体系 ──────────────── 24
 1.6.1 音素の概念 *24*
 1.6.2 音節構造 *27*
 1.6.3 音韻体系と外国語学習 *28*

2　日本語の音韻体系 ———————————— 29
2.1 母音 ———————————————————— 29
2.2 子音 ———————————————————— 30
2.3 拗音 ———————————————————— 32
2.4 特殊モーラ —————————————————— 32
2.4.1 長母音/H/　32
2.4.2 「イ」で終わる二重母音の第2要素/J/　32
2.4.3 促音/Q/　33
2.4.4 撥音/N/　33

3　英語の母音 ———————————————— 35
3.1 アメリカ英語の母音体系 ————————————— 35
3.1.1 アメリカ英語の母音一覧　35
3.1.2 母音体系の下位分類について　37
3.2 アメリカ英語の母音各論 ————————————— 39
3.2.1 強母音　39
3.2.2 弱母音　48

4　英語の子音 ———————————————— 51
4.1 子音体系の日英比較 ——————————————— 51
4.1.1 英語の子音体系　51
4.1.2 日本語の子音体系　51
4.1.3 英語と日本語の子音体系の主な相違　53
4.2 個別の子音についての詳細 ————————————— 53
4.2.1 流音　53
4.2.2 接近音/半母音　55
4.2.3 破裂音　56
4.2.4 摩擦音・破擦音　61
4.2.5 鼻音　67

5　英語の音連続 ——————————————— 70
5.1 母音+/ɹ/ ———————————————————— 70
5.2 母音+/ɹ/+母音 —————————————————— 72
5.2.1 「母音+/ɹ/」+母音によるもの　72
5.2.2 その他の母音間の r　73

- **5.3 子音結合** ———————————————————— 75
  - 5.3.1 音節冒頭の子音結合 *75*
  - 5.3.2 音節末尾の子音結合 *81*
  - 5.3.3 その他の注意すべき子音結合 *83*
- **5.4 単語間の連結** ———————————————————— 86

6 イギリス発音 ———————————————————— 88
- **6.1 子音の対応関係** ———————————————————— 88
  - 6.1.1 /hw/ *88*
  - 6.1.2 子音の後の /j/ *89*
  - 6.1.3 その他 *89*
- **6.2 母音の対応関係** ———————————————————— 91
- **6.3 連結の r と割り込みの r** ———————————————————— 92

7 英語辞典に見られる発音表記
　　——比較のためのワークシート ———————————————————— *93*

8 英語のつづり字と発音 ———————————————————— 97
- **8.1 子音字の発音** ———————————————————— 98
  - 8.1.1 単子音字 *98*
  - 8.1.2 二重子音字・三重子音字 *99*
  - 8.1.3 発音しない子音字 *99*
  - 8.1.4 ⟨c⟩ と ⟨g⟩ *100*
- **8.2 母音字の発音** ———————————————————— 100
  - 8.2.1 単母音字の基本的な 2 つの読み方 *100*
  - 8.2.2 二重母音字 *102*
  - 8.2.3 単母音字＋r *103*
  - 8.2.4 二重母音字＋r *103*
  - 8.2.5 /w/ の後の母音字 *104*
  - 8.2.6 /j/ の脱落 *104*

9 音節とモーラ ———————————————————— 106
- **9.1 音節** ———————————————————— 106
- **9.2 モーラ** ———————————————————— 108

10　日本語のプロソディー ── 110
- 10.1　語アクセント ── 110
- 10.2　文アクセントとイントネーション句 ── 113
- 10.3　イントネーション ── 115

11　英語のプロソディー ── 117
- 11.1　英語のアクセントのイントネーションとの不可分性 ── 117
- 11.2　語アクセント ── 121
- 11.3　文アクセント ── 124
  - 11.3.1　アクセントを受ける語・受けない語　124
  - 11.3.2　機能語の弱形　124
  - 11.3.3　文の音調核（主アクセント）の位置　125
  - 11.3.4　弱めの文アクセントを受ける内容語　130
  - 11.3.5　文アクセントを受ける機能語　130
  - 11.3.6　複合語アクセント　131
  - 11.3.7　英語音声のリズム　133
- 11.4　イントネーション ── 135
  - 11.4.1　イントネーション句の構成要素　136
  - 11.4.2　核音調の用法　137

12　連続発話における音変化 ── 140
- 12.1　音の脱落 ── 140
  - 12.1.1　/mps, mpt/→/ms, mt/　140
  - 12.1.2　/ntʃ, ndʒ/→/nʃ, nʒ/　141
  - 12.1.3　/ə/の脱落　142
- 12.2　音の挿入 ── 142
  - 12.2.1　/ns, nʃ/→/nts, ntʃ/　142
  - 12.2.2　/ls, lʃ/→/lts, ltʃ/　143
- 12.3　同化 ── 144

読書案内　147
参考文献　150
索引　155

国際音声字母（2015年改訂）

子音（肺気流）

	両唇音	唇歯音	歯音	歯茎音	後部歯茎音	そり舌音	硬口蓋音	軟口蓋音	口蓋垂音	咽頭音	声門音
破裂音	p b			t d		ʈ ɖ	c ɟ	k ɡ	q ɢ		ʔ
鼻音	m	ɱ		n		ɳ	ɲ	ŋ	ɴ		
顫動音	ʙ			r					ʀ		
単顫動音 もしくは弾音		ⱱ		ɾ		ɽ					
摩擦音	ɸ β	f v	θ ð	s z	ʃ ʒ	ʂ ʐ	ç ʝ	x ɣ	χ ʁ	ħ ʕ	h ɦ
側面摩擦音				ɬ ɮ							
接近音		ʋ		ɹ		ɻ	j	ɰ			
側面接近音				l		ɭ	ʎ	ʟ			

記号が対になっている場合、右が有声子音を表す。不可能な調音と判断される枠には網かけが入っている。

子音（非肺気流）

吸着音		有声入破音		放出音	
ʘ	両唇音	ɓ	両唇音	ʼ	例：
ǀ	歯音	ɗ	歯（茎）音	pʼ	両唇音
ǃ	(後部)歯茎音	ʄ	硬口蓋音	tʼ	歯（茎）音
ǂ	硬口蓋歯茎音	ɠ	軟口蓋音	kʼ	軟口蓋音
ǁ	歯茎側面音	ʛ	口蓋垂音	sʼ	歯茎摩擦音

その他の記号

ʍ	無声両唇軟口蓋摩擦音	ɕ ʑ	歯茎硬口蓋摩擦音（無声・有声）
w	有声両唇軟口蓋接近音	ɺ	歯茎側面弾音
ɥ	有声両唇硬口蓋接近音	ɧ	ʃとxの二重調音
ʜ	無声喉頭蓋摩擦音		
ʢ	有声喉頭蓋摩擦音		破擦音と二重調音は必要なら2つの記号を連結符号でまとめて表すことができる。 k͡p t͡s
ʡ	喉頭蓋破裂音		

母音

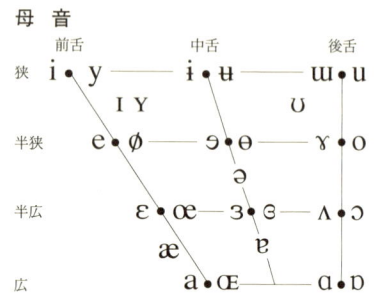

```
        前舌        中舌        後舌
狭     i • y ——— ɨ • ʉ ——— ɯ • u
              ɪ  ʏ          ʊ
半狭    e • ø ——— ɘ • ɵ ——— ɤ • o
                  ə
半広      ɛ • œ ——— ɜ • ɞ ——— ʌ • ɔ
         æ      ɐ
広          a • ɶ ——— ——— ɑ • ɒ
```

記号が対になっている場合右が円唇母音を表す。

超分節音

ˈ	主強勢		ˌfoʊnəˈtɪʃən
ˌ	副次強勢		
ː	長	eː	
ˑ	半長	eˑ	
˘	超短	ĕ	
|	小さい韻律境界（脚など）		
‖	大きい韻律境界（イントネーションなど）		
.	音節の切れ目	ɹi.ækt	
‿	連結（切れ目なし）		

音調および語アクセント

	平板		曲線	
e̋ 又は ˥	超高	ě 又は ᷄	上昇
é ˦	高	ê ᷅	下降
ē ˧	中	e᷄ ᷆	高昇
è ˨	低	e᷅ ᷇	低昇
ȅ ˩	超低	e᷈	昇降
↓ ダウンステップ		↗ 全体的上昇
↑ アップステップ		↘ 全体的下降

補助符号　補助符号は基線の下に出る記号の場合は上につけてもよい。例 ŋ̊

̥	無声（化）	n̥ d̥		息もれ声	b̤ a̤		歯音	t̪ d̪
̬	有声（化）	s̬ t̬		きしみ声	b̰ a̰		舌尖音	t̺ d̺
ʰ	帯気音	tʰ dʰ		舌唇音	t̼ d̼		舌端音	t̻ d̻
̹	強めの円唇	ɔ̹	ʷ	唇音化	tʷ dʷ	̃	鼻音化	ẽ
̜	弱めの円唇	ɔ̜	ʲ	硬口蓋音化	tʲ dʲ	ⁿ	鼻腔開放	dⁿ
̟	前寄り	u̟	ˠ	軟口蓋音化	tˠ dˠ	ˡ	側面開放	dˡ
̠	後寄り	e̠	ˤ	咽頭音化	tˤ dˤ	̚	無開放	d̚
̈	中舌寄り	ë	̴	軟口蓋音化もしくは咽頭音化	ɫ			
̽	中中舌寄り	e̽		上寄り（狭い）	e̝ (ɹ̝ = 有声歯茎摩擦音)			
̩	音節主音的	n̩		下寄り（広い）	e̞ (β̞ = 有声歯茎接近音)			
̯	非音節主音的	e̯		舌根前進	e̘			
˞	R音色	ɚ a˞		舌根後退	e̙			

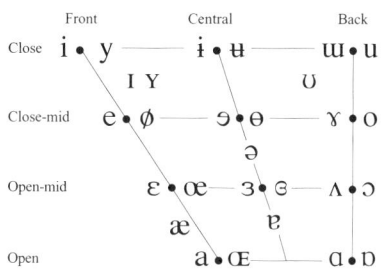

付属 CD について

本文中の「練習」,Exercise, Comparison などで 🄭 記号が付いているものは付属 CD に音声が収録されています。3～5 章と 11,12 章では女性と男性が同じものを発音していますが,違いがある部分については注記を付けてあります。(女性の発音の方が新しい傾向を反映しています。)

〈吹き込み者〉
　Renée Petrik
　Jon Warnock
　Jane E. Setter
　牧野武彦

IPA Chart,
http://www.internationalphoneticassociation.org/content/ipa-chart,
available under a Creative Commons Attribution-Sharealike 3.0 Unported License.
Copyright © 2015 International Phonetic Association.
The Japanese version translated by Takehiko Makino.

CD 収録内容（トラック番号・内容・ページ）
Ex.＝Exercise ／ Com.＝Comparison ／ Lis.＝Listening

CD-I

I-1 練習 1-1（舌の高さの調節）7
I-2 練習 1-2（舌の前後位置の調節）8
I-3 練習 1-3（唇の丸めの調節）8
I-4 Ex. 3-1（英語の母音一覧）36
I-5 Ex. 3-2（/i/）40
I-6 Ex. 3-3（/ɪ/）40
I-7 Com. 3-1（/i/と/ɪ/）40
I-8 Ex. 3-4（/u/）41
I-9 Ex. 3-5（/ʊ/）41
I-10 Com. 3-2（/u/と/ʊ/）41
I-11 Ex. 3-6（/ɛ/）42
I-12 Ex. 3-7（/æ/）42
I-13 Com. 3-3（/ɛ/と/æ/）42
I-14 Ex. 3-8（/eɪ/）43
I-15 Com. 3-4（/ɛ/と/eɪ/）43
I-16 Ex. 3-9（/ɑ/）44
I-17 Com. 3-5（/ɑ/と/ɑː/）44
I-18 Ex. 3-10（/ʌ/）45
I-19 Com. 3-6（/ɑ/と/ʌ/）45
I-20 Ex. 3-11（/ɔ/=[ɒ]）46
I-21 Com. 3-7（/ɔ/(=/ɑ/)と/ɑ/）46
I-22 Ex. 3-12（/oʊ/）46
I-23 Com. 3-8（/ɔ/と/oʊ/）46
I-24 Ex. 3-13（/aɪ/）47
I-25 Ex. 3-14（/ɔɪ/）47
I-26 Ex. 3-15（/aʊ/）47
I-27 Ex. 3-16（/ɚ/）48
I-28 Ex. 3-17（/i/）49
I-29 Ex. 3-18（/ɪ/）49
I-30 Ex. 3-19（/u/）49
I-31 Ex. 3-20（/ʊ/）50
I-32 Ex. 3-21（/ə/）50
I-33 Ex. 3-22（/ɚ/）50
I-34 Com. 3-9（/ə/と/ɚ/）50
I-35 Ex. 4-1（英語の子音一覧）51
I-36 Ex. 4-2（/l/）54
I-37 Ex. 4-3（/ɹ/）54
I-38 Com. 4-1（/ɹ/と/l/）55
I-39 Ex. 4-4（/j/）55
I-40 Com. 4-2（/-/と/j/）55
I-41 Ex. 4-5（/w/）56

I-42 Com. 4-3（/-/と/w/）56
I-43 Ex. 4-6（語頭の破裂音）58
I-44 Ex. 4-7（語末の破裂音）59
I-45 Ex. 4-8（母音間の/p, k/）59
I-46 Ex. 4-9（母音間の有声破裂音）60
I-47 Ex. 4-10（母音間の/t, d/）60
I-48 Ex. 4-11（/f/）61
I-49 Ex. 4-12（/v/）61
I-50 Com. 4-4（/v/と/b/）62
I-51 Ex. 4-13（/s/）62
I-52 Ex. 4-14（/z/）63
I-53 Ex. 4-15（/tʃ/）63
I-54 Ex. 4-16（/dʒ/）63
I-55 Ex. 4-17（/ʃ/）64
I-56 Ex. 4-18（/ʒ/）64
I-57 Com. 4-5（/dʒ/と/ʒ/）64
I-58 Ex. 4-19（/θ/）65
I-59 Com. 4-6（/s/と/θ/）65
I-60 Com. 4-7（/f/と/θ/）66
I-61 Ex. 4-20（/ð/）66
I-62 Com. 4-8（/z/と/ð/）67
I-63 Ex. 4-21（/h/）67
I-64 Ex. 4-22（/m/）68
I-65 Ex. 4-23（/n/）68
I-66 Ex. 4-24（/ŋ/）68
I-67 Com. 4-9（/-ŋ-/と/-ŋg-/）69
I-68 Com. 4-10（/m/と/n/と/ŋ/）69

CD-II

II-1 Ex. 5-1（rの二重母音・三重母音）71
II-2 Com. 5-1（/ɑɹ/と/ɚ/）71
II-3 Com. 5-2（/ɑ/と/ɑɹ/）72
II-4 Ex. 5-2（母音間の/ɹ/:rの二重母音の場合）72
II-5 Ex. 5-3（母音間の/ɹ/:rの音色の母音の場合）73
II-6 Ex. 5-4（母音間の/ɹ/:rの三重母音の場合）73
II-7 Ex. 5-5（母音間の/ɹ/による母音の中和）74

II-8 Ex. 5-6（以上の母音に関連する語）*74*
II-9 Com. 5-3（/-ɪ-/と/-l-/）*74*
II-10 Ex. 5-7（/ɹ/を含む連続）*75*
II-11 Ex. 5-8（/l/を含む連続）*76*
II-12 Ex. 5-9（/j/を含む連続）*76*
II-13 Ex. 5-10（/w/を含む連続）*77*
II-14 Ex. 5-11（/s/が第1要素の連続）*77*
II-15 Ex. 5-12（3子音結合）*78*
II-16 Com. 5-4（/tɹ/と/tʃ/）*78*
II-17 Com. 5-5（/dɹ/と/dʒ/）*78*
II-18 Ex. 5-13（無声破裂音＋接近音）*79*
II-19 Ex. 5-14（/s/＋無声破裂音＋接近音）*79*
II-20 Com. 5-6（/s/の有無による有声と無声の/ɹ/）*80*
II-21 Com. 5-7（子音連続における/l/と/ɹ/）*80*
II-22 Ex. 5-15（/w/vs/hw/）*81*
II-23 Com. 5-8（/hw/と/f/）*81*
II-24 Ex. 5-16（/ts/）*82*
II-25 Com. 5-9（/dz/と/z/）*82*
II-26 Ex. 5-17（/tθ, dθ/）*82*
II-27 Ex. 5-18（破裂音の連続）*83*
II-28 Com. 5-10（/ns/と/nts/，/nʃ/と/ntʃ/）*84*
II-29 Ex. 5-19（鼻腔破裂）*85*
II-30 Ex. 5-20（側面解放）*85*
II-31 Com. 5-11（/-nt-/[ɾ̃]と/-n-/[n]）*86*
II-32 Ex. 5-21（単語間の音連続）*87*
II-33 Com. 6-1（米音の/hw/と英音の/w/）*89*
II-34 Lis. 6-1（子音＋/j/）*89*
II-35 Com. 6-2（米音と英音で個別的に発音の違う単語の例）*90*
II-36 Com. 6-3（米音と英音の母音の対応関係）*90*
II-37 Com. 6-4（米音と英音：同じ記号で違う音）*91*
II-38 Com. 6-5（米音と英音：違う記号で同じ音）*91*
II-39 Lis. 6-2（連結のr）*92*
II-40 Lis. 6-3（割り込みのr）*92*
II-41 観察10-1（日本語の語アクセントにおける基本周波数の動き）*111*
II-42 観察10-2（日本語の2モーラの語のアクセント型）*112*
II-43 観察10-3（日本語で2番目が独立モーラの場合のピッチ曲線）*113*
II-44 観察10-4（日本語の文アクセント）*114*
II-45 観察10-5（日本語のイントネーション）*116*
II-46 Ex. 11-1（単音節語のイントネーション）*118*
II-47 Ex. 11-2（多音節語のイントネーション）*118*
II-48 Ex. 11-3（文のイントネーション）*119*
II-49 Ex. 11-4（語アクセントの実例）*122*
II-50 〃 *122*
II-51 〃 *123*
II-52 〃 *124*
II-53 Ex. 11-5（通常の文アクセントの実例）*128*
II-54 Ex. 11-6（最後の内容語以外の音調核）*129*
II-55 Ex. 11-7（機能語への音調核）*129*
II-56 Ex. 11-8（文アクセントの弱い内容語）*130*
II-57 Ex. 11-9（文アクセントを受ける機能語）*131*
II-58 Ex. 11-10（複合語アクセント）*132*
II-59 Ex. 11-11（等時性リズム）*133*
II-60 Ex. 11-12（交替性リズム）*134*
II-61 Ex. 11-13（下降調）*137*
II-62 Ex. 11-14（上昇調）*138*
II-63 Ex. 11-15（下降上昇調）*139*
II-64 Ex. 11-16（平坦調）*139*
II-65 Ex. 12-1（/p/の脱落）*141*
II-66 Lis. 12-1（/t, d/の脱落）*142*
II-67 Ex. 12-2（/ə/の脱落）*142*
II-68 Com. 12-1（/ns, nʃ/と/nts, ntʃ/）*143*
II-69 Com. 12-2（/ls, lʃ/と/lts, ltʃ/）*144*
II-70 Ex. 12-3（同化）*145*
II-71 Ex. 12-4（融合同化）*145*

日本人のための

英語音声学レッスン

1 一般音声学

本章では，日本語の音を用いて，音声学における音の分類の仕方の紹介をする。その後日本語の外の世界に出て行くことにする。

1.1 音声器官

1.1.1 上部器官のしくみ

音声学には様々な側面があり，聴覚を基準にした**聴覚音声学**（auditory phonetics），実際に発せられる音の物理的性質に注目した**音響音声学**（acoustic phonetics）などもあるが，本書が主に用いるアプローチは**調音音声学**（articulatory phonetics）である。（時々，音響音声学を援用することもある。）調音音声学ではどの**音声器官**（speech organs）がどのように動くことによってそれぞれの音が発せられるのかを記述するため，音声器官の位置とその名称を覚えることが必須となる。

Lx 喉頭（larynx）：気管の上部にある軟骨の箱で，中に声帯がある。
　　※喉頭よりも上の空間は声道（vocal tract）と呼ばれ，咽頭（pharynx＞**P**）・口腔（oral cavity＞**OC**）・鼻腔（nasal cavity＞**NC**）の3つの部屋に分かれる。

Lp 唇（lips）：声道の出口。

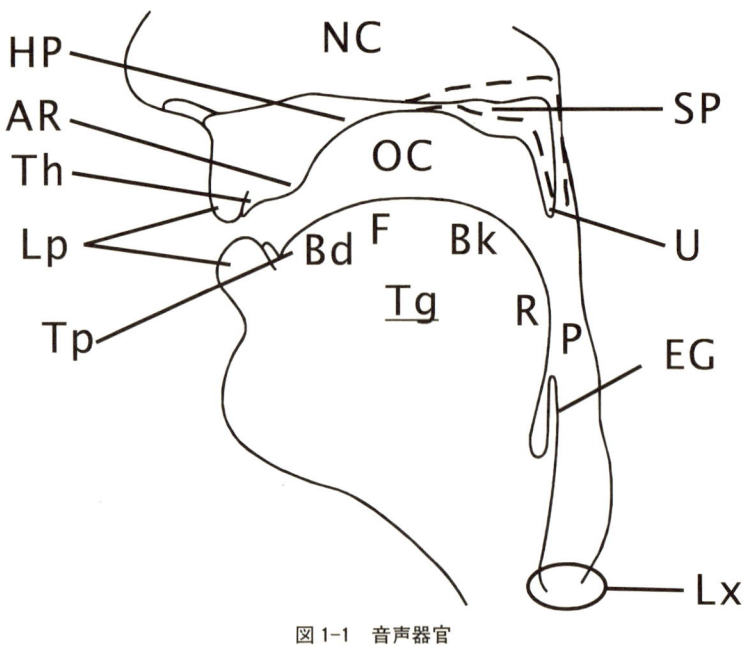

図1-1 音声器官

Th 歯（teeth）：特に断らない限り，上の前歯を指して言うのが普通。

AR 歯茎（alveolar ridge）：上の前歯の裏の歯茎を指して言うのが普通。

HP 硬口蓋(こうがい)（hard palate）：歯茎の後ろで，表面のカーブが凹状になるところから後方。中に骨があるため硬い。

SP 軟口蓋（soft palate）：硬口蓋の後ろの，中に骨のない部分。後ろ半分は次の口蓋垂とともに上下に動かすことができ，口蓋帆(はん)（velum）とも呼ばれる。

U 口蓋垂（uvula）：軟口蓋の突端で，下に垂れ下がっている。口蓋帆とともに図1-1の破線で示したように上げると**咽頭壁**（咽頭の後方の壁）と密着し，咽頭から鼻腔へ空気が通らないようになる。これを**鼻腔閉鎖**または**軟口蓋背面閉鎖**（velic closure）と呼ぶ。

Tg 舌（tongue）：はっきりした区分があるわけではないが，次のよう

な各部分に分けて考える。
　舌先：前へせり出している部分全体
　　※インフォーマルな用語。
Tp　舌尖（tip）：舌先の先端部分
Bd　舌端（blade）：舌尖の周りの部分
F　前舌面（front）：舌本体のうち，硬口蓋の真下の部分
Bk　後舌面（back）：舌本体のうち，軟口蓋の真下の部分
　　※前舌面と後舌面の中間に「中舌面（center）」を設ける場合もある。
R　舌根（root）：舌本体のうち，咽頭に面した部分
EG　喉頭蓋（epiglottis），食道，気管は通常は「音声器官」には含めない。

1.1.2　喉頭（larynx）のしくみ

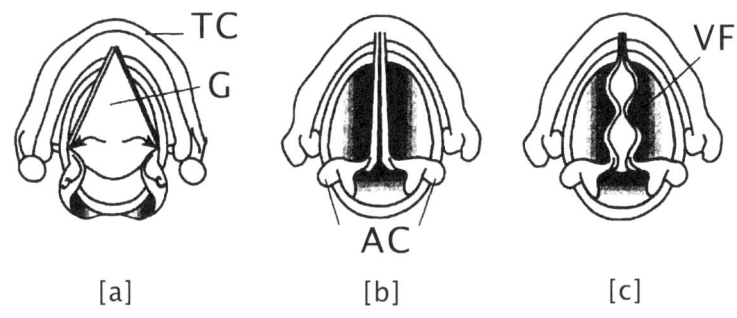

図1-2　喉頭を上から見たところ（↑が前）。代表的な3つの状態。
Cruttenden（1994：11）より

TC　甲状軟骨（thyroid cartilage）：声帯の前部がくっついている場所。男性の「のどぼとけ」に相当する。女性の場合，喉頭の前後の長さが短いため，ほとんどの人は突起は見えない。
G　声門（glottis）：声帯と声帯の間の空間
AC　披裂軟骨（arytenoid cartilage）：声帯の後部がくっついている。

この動きによって声門が開閉される。
VF 声帯（vocal folds）：喉頭の中の両側についているひだ。

1.1.3 声帯の様々な状態（図1-2を参照）

　[a] 声帯が離れ，空気が自由に通過する状態（**無声** voiceless）＝通常の呼吸の時の状態

　[b] 声帯がぴったりくっついて空気が通らない状態（**声門閉鎖** glottal stop）

　[c] ゆるやかにくっついた声帯の間を空気が通過して振動している状態（**有声** voiced）

　有声音における声帯の振動では，声門は閉鎖・開放を繰り返している。「**息漏れ声**（brethy voice）」といって，声門が開いたままの状態で声帯の振動が起こる場合もある。その他にも声帯の状態には様々なものがあるが，言語音の区別にとって主に重要なのは無声，有声，声門閉鎖の3つである。

1.2　音の分類——日本語を材料に

1.2.1　母音と子音

母音（vowel）：肺からの呼気が口腔・咽頭内で妨害を受けることなく外に出る時の音。通常は声帯が振動する有声音である。
子音（consonant）：肺からの呼気が口腔・咽頭内で何らかの妨害を受ける時の音。声帯が振動する有声音であることも，振動しない無声音であることもある。

　　※肺からの呼気以外の方法で気流を起こして作られる言語音も存在するが，日本語では用いられず，英語でも例外的にしか用いられない。（→§1.3.2.2）

日本語では，ア，イ，ウ，エ，オ（，ヲ，ー）のカナは母音を表わし，ン，ッを除くそれ以外のカナは子音＋母音の組み合わせを表わす。

1.2.2　母音の分類

1.2.2.1　日本語の母音の分類

最初に，日本語の5つの母音アイウエオを用いて，これらが調音的にどのように区別されているかを観察してみよう。

観察 1-1
（1）　イ，エ，アと順に発音して口の構えを比べる。
　　　同様にしてウ，オ，アを比べる。
　　　　　　　→どちらの場合も，口がだんだん開いていく。
（2）　ウとイの口の構えを比べる。同様にしてオとエを比べる。
　　　　　　　→ウよりもイ，オよりもエの方が舌が前に出ている。
（3）　オでは唇が丸めて突き出されているが，その他の母音ではそうではない。

以上の観察の結果，日本語では次の3つの要素を変化させることによって異なる母音を作り出していることがわかる。
　（1）　口の開き具合＝舌の高さ
　（2）　舌の前後位置＝舌本体のどの部分（前舌面・後舌面など）が上がるか
　（3）　唇の丸めの有無

練習 1-1（舌の高さの調節）
（1）　声を出したままでイから徐々に口を開いてエに移行してみよう。
（2）　逆にエから徐々に口を閉じてイに移行してみよう。
（3）　イから徐々に口を開いてイとエの中間で止めてみよう。

(4) 逆にエから徐々に口を閉じてエとイの中間で止めてみよう。
(5) エとア,アとオ,オとウについても(1)～(4)と同様のことをしてみよう。 ※唇の形はここではとりあえず無視してよい。

アのように口の開きが大きい（＝舌の位置が低い）母音のことを，**低母音**（low vowel）と呼ぶ。イ，ウのように口の開きが小さい（舌の位置が高い）母音のことを**高母音**（high vowel）と呼ぶ。エ，オのように両者の中間のものは**中母音**（mid vowel）と呼び，それよりも低め（開きめ）のものを**中低母音**（lower-mid vowel），それよりも高めのものを**中高母音**（upper-mid vowel）と呼ぶ。

※現行の IPA（国際音声字母。→§1.2.2.3）の表では，low の代わりに open, high の代わりに close が用いられている。

 練習 1-2（舌の前後位置の調節）
(1) 声を出したままでイから徐々に舌を奥に引いてウに移行してみよう。
(2) 逆にウから徐々に舌を前に出してイに移行してみよう。
(3) イから徐々に舌を奥に引いてイとウの中間で止めてみよう。
(4) 逆にウから徐々に舌を前に出してウとイの中間で止めてみよう。
(5) エとオについても(1)～(4)と同様のことをしてみよう。
※ここでも唇の形はとりあえず無視してよい。

イ,エのように舌が前に出ている母音を**前舌母音**（front vowel），ウ,オのように奥に引っ込んでいる母音を**後舌母音**（back vowel），アのように両者の中間のものを**中舌母音**（central vowel）と呼ぶ。

 練習 1-3（唇の丸めの調節）
(1) イを発音し，あごの開きと舌の位置を保ったまま唇を丸めて突き出してみよう。その音とイを交互に言ってみよう。

(2) オを発音し，あごの開きと舌の位置を保ったまま唇の丸めをなくして横に引いてみよう。その音とオを交互に言ってみよう。
(3) エ，ア，ウについても(1)と同様のことをしてみよう。
　　※人によってはウでもともと唇が丸まっている場合もある。そのような人はウでは(2)と同様のことをしてみよう。

　イ，エ，ア，ウのように唇の丸まっていない母音のことを**非円唇母音**（unrounded vowel），オのように丸まっている母音を**円唇母音**（rounded vowel）と呼ぶ。
　　※以上の練習は，日本語の5つの母音に凝り固まった口をほぐして他の母音も出せるようになるための準備運動である。今は絶対的な音質にこだわる必要はない。

1.2.2.2　Daniel Jones による基本母音（Cardinal Vowels）

　上のようなやり方で，母音は3つの要素によって区別されていることがわかるが，このままでは，「アはエより低い」などといった相対的な説明しかできない。しかし何らかの絶対的基準を設ければ，それとの比較においてどの言語の母音であっても正確に記述することができる。基本母音とは，そのような母音の絶対的基準として広く用いられているもので，イギリスの音声学者 Daniel Jones（1881-1967）によって考案された。
　　※基本母音は付属CDには収録されていない。これを聞くにはロンドン大学（University College London）の音声・言語学科からカセットテープを購入するか，巻末の著者紹介で挙げた筆者のWebサイトのリンクを利用する方法がある。

(1)　**第一次基本母音**（Primary Cardinal Vowels）
　まず最初に次の2つの母音を調音に基づいて設定する。
・舌を前方へ高く持ち上げて前舌面を硬口蓋に近づけ，これ以上近づけるとそこを通過する気流が摩擦を生じてしまう程度の構え＝基本母音

No.1 ［i］

・舌を低く奥へ引いて舌根を咽頭壁に近づけ，これ以上近づけるとそこを通過する気流が摩擦を生じてしまう程度の構え＝基本母音 No.5 ［ɑ］

この2つの母音を基準に，［i］から［ɑ］に向かって舌を前方に保ちながら下げ，聴覚的に等間隔となるような位置に3つ母音を設け，それぞれを［e］［ε］［a］（No.2～4）とする。次に，［ɑ］から舌を後方に保ちながら持ち上げると同

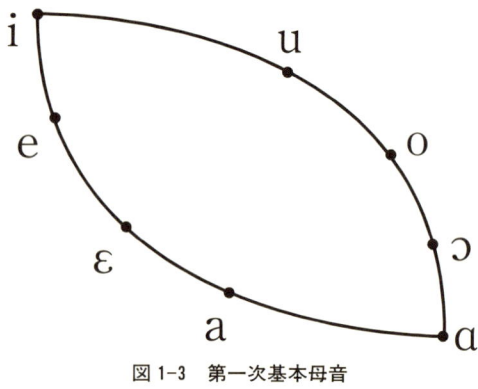

図1-3　第一次基本母音

時に唇を徐々に丸め，やはり聴覚的に等間隔になるような位置に3つ母音を設けてそれぞれを［ɔ］［o］［u］（No.6～8）とする。この8つの母音を**第一次基本母音**と呼ぶ。図1-3は，基本母音の舌の位置（最も高い点）の相対的関係を示したものである。

これをさらに図式化して描きやすくしたのが図1-4である。この図には，日本語の母音が基本母音と比べてどのような位置関係にあるのかも示しておいた。ただし，「ウ」は［u］と違い，非円唇母音である。

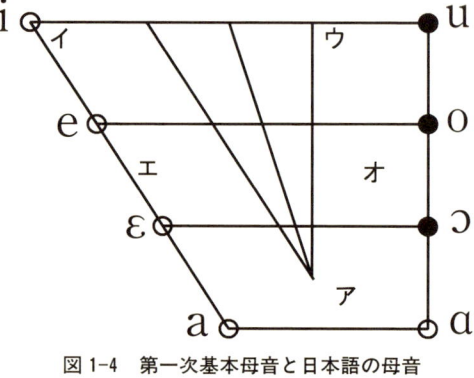

図1-4　第一次基本母音と日本語の母音
（○は非円唇，●は円唇母音）

なお，前述の（1）（2）（3）の基準によって第一次基本母音に音声学的名称をつけると次

のようになる。

1. [i]：高前舌非円唇母音（high front unrounded vowel）
2. [e]：中高前舌非円唇母音（upper-mid front unrounded vowel）
3. [ɛ]：中低前舌非円唇母音（lower-mid front unrounded vowel）
4. [a]：低前舌非円唇母音（low front unrounded vowel）
5. [ɑ]：低後舌非円唇母音（low back unrounded vowel）
6. [ɔ]：中低後舌円唇母音（lower-mid back rounded vowel）
7. [o]：中高後舌円唇母音（upper-mid back rounded vowel）
8. [u]：高後舌円唇母音（high back rounded vowel）

（2） **第二次基本母音**（Secondary Cardinal Vowels）

第二次基本母音も設けられている。第一次基本母音と舌の位置が同じで唇の構えが逆である母音8つと，高母音では舌の前後位置の範囲が大きいため，前舌と後舌の中間の中舌母音2つ（非円唇および円唇）である。以下に音声学的名称を示す（英語名は第一次基本母音にならえばよい）。

9. [y]：高前舌円唇母音
10. [ø]：中高前舌円唇母音
11. [œ]：中低前舌円唇母音
12. [Œ]：低前舌円唇母音
13. [ɒ]：低後舌円唇母音
14. [ʌ]：中低後舌非円唇母音
15. [ɣ]：中高後舌非円唇母音
16. [ɯ]：高後舌非円唇母音

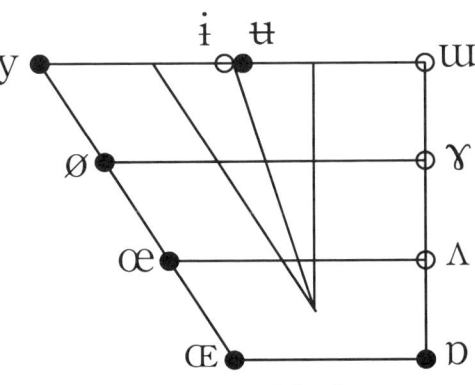

図1-5　第二次基本母音

17. [ɨ]：高中舌非円唇母音
18. [ʉ]：高中舌円唇母音

基本母音は世界のあらゆる言語の母音を客観的に記述するための基準点として考案されたもので，あくまでも理論的存在である。特定の言語でこれに一致する母音があってもそれは偶然である。

1.2.2.3　IPA の母音記号

国際音声学協会（International Phonetic Association；略称 IPA）がその他にも母音記号を定めているので図 1-6 でまとめて図示する。この文字を**国際音声字母**（International Phonetic Alphabet；略称 IPA）と呼ぶ。

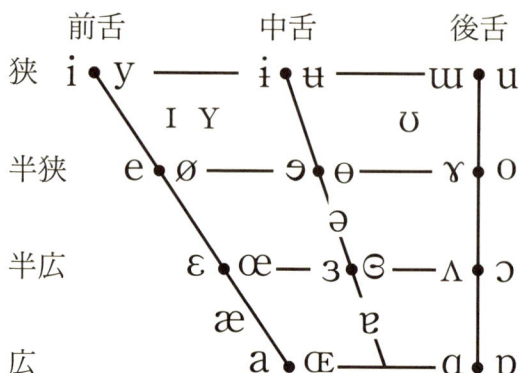

図 1-6　**IPA の母音記号**。対になっている場合は，右側が円唇母音である。（なお本書では「狭」=「高」，「半狭」=「中高」，「半広」=「中低」，「広」=「低」とする。）

日本語の母音は「オ」のみが円唇で，それ以外は非円唇母音である。本書では日本語の母音を大まかに IPA で音声表記する場合，ア [a], イ [i], ウ [ɯ], エ [e], オ [o] とする。アは [ɑ] や [ɐ], エは [ɛ], オは [ɔ] を用いることも可能だが，どちらを用いてもよい場合は普通のローマ字を用いる方が推奨されているためである。（ウについて

も，これを［u］で表わすことは十分可能だが，円唇の有無という英語の母音との差異をはっきりさせるために［ɯ］とした。）なお，音声表記は角カッコ［　］の中に記す習慣である。

1.2.3　子音の分類

1.2.3.1　子音分類の基準

　　子音 ＝肺からの呼気が口腔・咽頭内で妨害を受ける音
　　　　　　→どこで，どのような妨害を受けるかにより音に違いが現れる。
・日本語のパ行（パ，ピ，プ，ペ，ポ）の子音では，両唇がいったん閉じて，破裂する。

　　　　　　どこで気流が妨害されるか？ ＝両唇（**調音位置** place of articulation）
　　　　　　どのような妨害の仕方か？ ＝破裂（**調音様式** manner of articulation）
　　　　　　　　→ 両唇破裂音［p］

・日本語のタ，テ，トの子音では，舌先が上の歯の裏と歯茎に密着して，破裂する。

　　　　　　調音位置 ＝歯，調音様式 ＝破裂 →歯破裂音［t］

　［p］の他に，バ行の子音［b］も両唇破裂音である。また［t］の他に，ダ，デ，ドの子音［d］も歯破裂音である。［p］と［b］，［t］と［d］の違いは何だろうか？

観察 1-2

　首の喉頭に相当する部分に指をつけたまま「パ」［pa］「バ」［ba］と交互に言ってみて違いを比べてみよう。「タ」［ta］と「ダ」［da］についても同様にしてみよう。
　母音［a］は有声音なので指に振動を感じる。タイミングは微妙だが，

[pa] では両唇が閉鎖している間は指先に振動を感じず，破裂して [a] になってから振動を感じるはずである。一方，[ba] では両唇が閉鎖中に既に指先に振動を感じるはずである。つまり子音は気流が妨害を受けている間に声帯が振動しているか否かによっても区別されているということである。[p] は無声両唇破裂音，[b] は有声両唇破裂音である。タとダの違いも同様で，[t] は無声歯破裂音，[d] は有声歯破裂音である。

まとめると，子音は次の3つの基準によって区別される。
（1） 肺からの呼気が受ける妨害は口腔・咽頭内のどこで起こるか（**調音位置** place of articulation）
（2） 肺からの呼気が受ける妨害はどのようなものか（**調音様式** manner of articulation）
（3） 肺からの呼気が妨害を受けている間声帯が振動しているか否か（**声の有無** voicing）

1.2.3.2　日本語に見られる子音の観察
（1）　**破裂音**（plosive）
　調音位置において気流が完全に遮断されるもの。実際には破裂を伴わない場合もあるが，破裂音と呼ばれる。
a．パ行子音＝無声両唇破裂音 [p]，バ行子音＝有声両唇破裂音 [b]
b．タ，テ，トの子音＝無声歯破裂音 [t]，ダ，デ，ドの子音＝有声歯破裂音 [d]
c．カ行の子音＝無声軟口蓋（velar）破裂音 [k]，ガ行の子音＝有声軟口蓋破裂音 [g]
　後舌面が盛り上がって軟口蓋に密着することで気流が閉鎖される。調音位置を実感するのはかなり難しいが，口を大きく開いたまま「カ，ガ」と鏡に向かって言ってみると，子音部分で舌が大きく盛り上がり，破裂して母音になると下がるのが観察できる。

（2） 摩擦音 (fricative)

調音位置において通路が狭められるため，通過する気流が摩擦の音を生じるもの。

a．フの子音＝無声両唇摩擦音［ɸ］
　両唇が接近してその間を気流が摩擦の音をたてながら通過する。
b．サ，ス，セ，ソの子音＝無声歯茎（alveolar）摩擦音［s］
　日本語の場合，舌尖は下の歯の裏側にありながら舌端が持ち上がって上の歯茎に接近する。言語によっては舌尖も持ち上げられる場合もある。
c．シの子音＝無声硬口蓋歯茎（palatoalveolar）摩擦音［ʃ］
　舌端が上がり歯茎の後部（硬口蓋に近いところ＞硬口蓋歯茎）に接近する。
　　※現行の IPA では，後部歯茎音（postalveolar）と称している。
d．ヒの子音＝無声硬口蓋（palatal）摩擦音［ç］
　前舌面が持ち上がって硬口蓋に接近する。
e．ハ，ヘ，ホの子音＝声門（glottal）摩擦音［h］
　口腔内には特に狭めはなく，声門の部分が最も狭いためにそこで摩擦を生じる。声道全体で摩擦をしているとも考えられるので，**声道摩擦音**（vocal tract fricative）とも呼ばれる。後続する母音と同じ口の構えの無声音なので，音声的には無声の母音であり，本来の子音の定義には当てはまらないが，他の子音と同様の機能を持つため子音として扱われる。

（3） 破擦音 (affricate)

破裂音の直後に調音位置が同じか近い摩擦音が続くもの。

a．ツの子音＝無声歯茎破擦音［ts］
b．チの子音＝無声硬口蓋歯茎破擦音［tʃ］
c．ザ，ズ（＝ヅ），ゼ，ゾの子音＝有声歯茎破擦音［dz］
d．ジ（＝ヂ）の子音＝有声硬口蓋歯茎破擦音［dʒ］

（4） 阻害音と自鳴音
　破裂音，摩擦音，破擦音を総称して**阻害音**または**閉塞音**（obstruent）と呼ぶ。阻害音には通常無声音と有声音の区別がある。一方，この後扱う鼻音，弾音，半母音は通常有声音だけが用いられる子音で，**自鳴音**（sonorant）と呼ばれる。

（5） **鼻音**（nasal）
　破裂音と同様に口腔内の調音位置で閉鎖が作られるが，軟口蓋が下がっているために鼻腔を通じて気流が外に出る音。普通は有声音である。
a． マ行の子音＝両唇鼻音［m］（マ行，パ行，バ行の前の「ン」も）
b． ナ，ヌ，ネ，ノの子音＝歯鼻音［n］（タ，ツ，テ，トなどの前の「ン」も）
c． ニの子音＝硬口蓋歯茎鼻音［ɲ］
　　※記号がないため硬口蓋鼻音の記号を借りて使っている。厳密には［ɲ̟］と表わすこともできるだろう（［ ̟］は調音位置が前寄りであることを表わす補助符号）。
d． カ行・ガ行の前の「ン」（「3回」など）＝軟口蓋鼻音［ŋ］
e． 発話末尾の「ン」＝口蓋垂（uvular）鼻音［N］

《参考》無声の鼻音
　人の話にうなずくときの「ふうん」は記号で表わせば［m̥m］となる（［ ̥］は有声音の記号につけて「無声」を表わす）。つまり，無声両唇鼻音［m̥］で始まりそれに声が加わって（有声）両唇鼻音になる。また両唇の閉鎖のない［N̥N］であることもある。

（6） **弾音/単顫動音**（せんどう）（flap/tap）
　ある調音器官が別の調音器官をはじくことによる調音。はじく瞬間に閉鎖が形成されるが，破裂音と違ってこの閉鎖は決して持続されない。これも普通は有声音のみが用いられる。

ラ行の子音の一種＝歯茎弾音［ɾ］

（7）　接近音/半母音（approximant/semivowel）
　狭め自体は母音と同様でありながら，言語の中で他の子音と同様の振る舞いをするために子音扱いされるもの。
a．ヤ行＝「イ」に近い構えから後続母音へ　→「イ」に対応する半母音［j］
b．ワ行＝「ウ」に近い構えから後続母音へ　→「ウ」に対応する半母音［w］
　口腔・咽頭内の狭めが気流を妨害するほど狭くない調音のことを**接近音**（approximant）と呼ぶことにすると，「イ」のような前舌母音に対応する半母音［j］は前舌面が硬口蓋に近づいているため硬口蓋接近音（palatal approximant），ウのような後舌母音に対応する半母音［w］は後舌面が軟口蓋に近づいているため軟口蓋接近音（velar approximant）と考えることができる。ただし，実際には［w］は両唇接近音と軟口蓋接近音の**二重調音**（double articulation）であり，正しくは**両唇軟口蓋接近音**（labial-velar approximant）と呼ばれる。「ワ」と発音してみればこの子音にとって両唇の接近が重要であることがわかるはずである。
　「半母音（semivowel）」は母音に対応していることに着目した名称であり，「接近音」はこれをあくまでも子音として見て調音位置・調音様式を記述しようとした名称であると言える。これが母音と同様の性質を持っていることはこの音の関係する音声現象を理解するうえで重要となる。
　なお，接近音の定義からして，当然母音もその一種ということになる。［h］を子音として扱っていることと併せて考えればわかるように，母音と子音の区別は厳密には調音的なものだけではなく，その音の機能を考慮に入れて行なわれているのである。

1.3 その他の音

以上が日本語に現れる主な子音だが，もちろん他にも子音は存在する。IPA の（肺からの呼気＝肺気流機構 pulmonic airstream mechanism を使った）子音の表を図 1-7 に示す。

子音（肺気流）

	両唇音	唇歯音	歯音	歯茎音	後部歯茎音	そり舌音	硬口蓋音	軟口蓋音	口蓋垂音	咽頭音	声門音
破裂音	p b			t d		ʈ ɖ	c ɟ	k ɡ	q ɢ		ʔ
鼻音	m	ɱ		n		ɳ	ɲ	ŋ	ɴ		
顫動音	B			r					ʀ		
単顫動音もしくは弾音		ⱱ		ɾ		ɽ					
摩擦音	ɸ β	f v	θ ð	s z	ʃ ʒ	ʂ ʐ	ç ʝ	x ɣ	χ ʁ	ħ ʕ	h ɦ
側面摩擦音				ɬ ɮ							
接近音		ʋ		ɹ		ɻ	j	ɰ			
側面接近音				l		ɭ	ʎ	ʟ			

図 1-7　**IPA の子音表（肺気流）**。記号が対になっている場合，右が有声子音を表わす。不可能な調音と判断される枠には網かけが入っている。

1.3.1　その他の調音位置

（1）**そり舌音**（retroflex）＝舌先の裏と後部歯茎の間の調音。有声破裂音［ɖ］は日本語のラ行に用いられることがある。

（2）**唇歯音**（labiodental）＝上の歯と下唇の間の調音。摩擦音［f, v］が英語に現れる。

（3）図 1-7 で［t, d, n］などの記号が歯音，歯茎音，後部歯茎音という複数の調音点をカバーしているのは，破裂音や鼻音でこれらの調音点を区別する必要のある言語が多くないことによる。必要なら補助符号で区別できるが，本書では特に記号による区別はしない。

（4）図 1-7 にはないが，**両唇硬口蓋接近音**（labial-palatal approximant）［ɥ］は両唇（円唇）と硬口蓋の二重調音で，［y］に対応する半

母音。フランス語などで用いられる。

1.3.2 その他の調音様式

1.3.2.1 肺気流によるもの
（1） **顫動音**（trill）＝接近した柔らかい調音器官の間を気流が通過し，それにより調音器官同士が振動して通路の開閉を（声帯の振動のように）繰り返すもの。自鳴音に属する。[ʙ]では両唇が，[r]では舌先が，[ʀ]では口蓋垂が震える。
（2） **側面接近音**（lateral approximant）＝舌先などで通路の中央は閉鎖されるが脇が開いているためにそこから気流が通過する接近音。[ɭ, l]（そり舌音，歯音）は日本語のラ行にも用いられる。なお，脇の通路が狭くて通過する気流が摩擦を起こすようなら側面摩擦音となる。

1.3.2.2 肺気流によらないもの
　ここで扱う音は日本語では現れず，また英語でもほとんど現れないが，音声の世界の広さを知ってもらうために取り扱う。記号については p. viiiにある「国際音声字母」の表を参照されたい。
　肺以外で空気を動かす方法には2つある。1つは，声門を閉じて，それを含んだ喉頭全体をピストンのように上下させることである。これを**声門気流機構**（glottalic airstream mechanism）と呼ぶ。喉頭を上げて咽頭・口腔内の空気の圧力を高めることによって空気を外向きに動かす音を**放出音**（ejective）と呼ぶ。口腔内の閉鎖を破裂させる形の**放出閉鎖音**（ejective stop）が多いが，**放出摩擦音**（ejective fricative）も存在する。原理的には，喉頭と口腔内の閉鎖の間の空気の量が少ないほど圧縮率が高くなるので，軟口蓋放出閉鎖音 [k']が最も容易なはずである。放出閉鎖音は英語の語末で無声破裂音の代わりに現れることもある。
　逆に，喉頭を下げることによって喉頭と口腔内の閉鎖の間の空気の圧

力を下げ，破裂によって空気を口の中に取り込む**入破音**（implosive）もある。この場合，声門はしっかり閉じられておらず，そこを漏れる空気が声帯を振動させるため，有声音となるのが普通である。これも，原理的には，喉頭と口腔内の閉鎖の間の空気の量が少ないほど膨張率が高くなるので，軟口蓋入破音 [ɠ] が最も容易なはずである。

　もう1つの空気の動かし方は，我々全員が日常的に行なっているものである。舌打ち（歯茎吸着音 alveolar click [!]）をしたことのない人は少ないであろうし，飲み物を飲んだことのない人はいないであろう。その時に何を行なっているかといえば，後舌面と軟口蓋を密着させてそこの通路を遮断する。そして，それよりも前の舌の部分を下げることによって，口腔内の容積を大きくして空気・水などを取り込むのである。これを**軟口蓋気流機構**（velaric airstream mechanism）と呼ぶ。飲み物を飲むときには閉鎖はないのでそのまま液体が口の中に取り込まれ，舌打ちの場合は，舌先と歯茎の間で作られていた閉鎖が，内部の圧力の低下によって内向きに破裂させられるのである。

1.4　副次調音 (secondary articulation)

　音の分類をするときに，調音位置以外の部分がどうなっているのかを記述する必要がある場合もある。主として子音で，調音位置以外の部分にある狭めのことを**副次調音**と呼ぶ。調音位置での狭めよりも狭めの程度は少ない（同程度なら「二重調音（double articulation）」であり，狭ければそちらが「調音位置」である）。先行する音の性質の一部が持ち越されたり（**維持的調音結合** perseverative coarticulation），後続する音の性質の一部を先取りしたり（**予測的調音結合** anticipatory coarticulation）ということによる場合が多い。

1.4.1　唇音化/円唇化 (labialization)

　日本語の「ポ」を音声記号で表わすと［po］となるが，より厳密にはこの［p］では，次の［o］を予測して既に唇が丸まっている。この唇の丸めを唇音化と呼び，対応する音の次に補助符号［ʷ］をつけて表わす。したがって「ポ」は厳密に書くと［pʷo］となる。[1]

1.4.2　硬口蓋音化 (palatalization)

　略式には「口蓋化」とも呼ばれる。日本語の「ピ」を音声記号で表わすと［pi］となるが，より厳密にはこの［p］では，次の［i］を予測して既に前舌面が硬口蓋に向けて持ち上げられている。これを硬口蓋音化と呼び，対応する音の次に補助符号［ʲ］をつけて表わす。したがって「ピ」は，厳密に書くと［pʲi］となる。

《参考》副次調音ではない硬口蓋音化

　硬口蓋音化には，副次調音ではない別の意味もある。「カキクケコ」と言ってみると，同じ［k］でも調音位置が微妙に前後しているのがわかる。前舌母音の前で調音位置が前寄り（＝硬口蓋に近く）になるが，このことも硬口蓋音化と呼ぶ。サ行子音が「シ」の場合だけ［ʃ］になることや，ナ行子音が「ニ」の場合だけ［ɲ］になるのも，この意味での硬口蓋音化の例である。

1.4.3　軟口蓋音化 (velarization)

　別の調音をしている間，後舌面が軟口蓋に向けて盛り上がること。対

---

[1] 筆者自身は，このような扱いに賛成ではない。日本語のワやフの子音を見ればわかるとおり，両唇の間に狭めを作ることと，唇を丸めることとは全く別の問題だからである。

応する音の次に補助符号［ˠ］をつけて表わす。例えば,「プ」は［pˠɯ］となる。あるいは,［~］を記号に重ねることもある（［ɫ］など）。

1.4.4　咽頭音化 (pharyngealization)

英語にも日本語にも関係はないが,咽頭音化という副次調音も存在する。基本母音1番の［ɑ］を発するとき,舌をできる限り奥へ引いたが,これは,舌根が咽頭内に向かって盛り上がることを意味する。つまり,舌根と咽頭壁の間に狭めができるのである。この構えを子音に重ねるとき,これを咽頭音化と呼び,アラビア語などで用いられる。対応する音の次に補助符号［ˁ］を付けて表わすが,日本語でも英語でも,特にこの咽頭音化が問題になることはない。

1.5　その他の音の分類基準

1.5.1　音の長さ (length)

音の長さは発話のテンポなどにも影響されるが,それは別にして,相対的に長いことを示すには［ː］の記号を対応する記号の直後につける。［aː］は［a］よりも長い。必要があれば,「半長」を意味する［ˑ］の記号を用いて［aˑ］とし,［a］よりも長くて［aː］よりも短いことを示す場合もある。

日本語の促音「っ」は音声的には直後の子音が長くなることによるので,「一回」は［ikːai］と表わすこともできる。ただし,子音の「強さ」が途中で一度弱まってまた強くなるということに着目して,長い子音が1つあるのではなく短い子音が2つある**重子音** (geminate) と考え［ikkai］と表記することの方が多い。

1.5.2　鼻音化（nasalization）

　鼻音以外の音の時に，軟口蓋が下がって鼻腔に空気が抜けること。[ã, õ, ũ] のように補助符号として [̃] をその記号の上につけて表わす。鼻音化した母音を**鼻母音**（nasalized vowel）と呼ぶ。日本語では鼻母音を様々な位置における「ン」として用いる。たとえば，「千円」は [seẽeɴ] と発音され，1つめの「ン」に相当するのは [ẽ] である。

1.5.3　無声化（devoicing）・有声化（voicing）

　もともと有声であるはずの音が無声音になることを無声化と言う。日本語では，無声子音にはさまれた「イ」[i̥] と「ウ」[ɯ̥] は無声化する傾向があり，さらには脱落してしまうこともある。「期待」[ki̥tai]「串」[kɯ̥ʃi]，「奥さん」[oksaɴ] などがその例である。英語でも，語末（正確には発話末尾）や無声音に隣接した有声阻害音は無声化することが多い。

　逆に，もともと無声であるはずの音が有声音になることを有声化と言う。英語の t が [ɾ] として発音される例（→§4.2.3.5）はこの有声化の一種である（実際には調音様式も変わっている）。

1.5.4　歯擦音（sibilant）

　摩擦音（および破擦音の摩擦部分）には，摩擦が鈍いものと，強く鋭いものがある。鋭い摩擦音の周波数の高い噪音（そうおん）は，狭めを通り抜けて勢いのついた気流が上の前歯に直角にぶつかることにより生じるため，このような摩擦音は特に歯擦音と呼ばれる。[s, z, ʃ, ʒ] など，歯のすぐ後ろが調音位置である摩擦音がこれに属する。

　図1-8に示した音声分析ソフトによるグラフ（スペクトログラム spectrogram と呼ばれる）では縦軸が周波数，横軸が時間，色の濃さが

エネルギーの強さを表しており，歯擦音に属する [s] の方が，そうではない [ç] よりも高い周波数にエネルギーが集中していることが見て取れる。

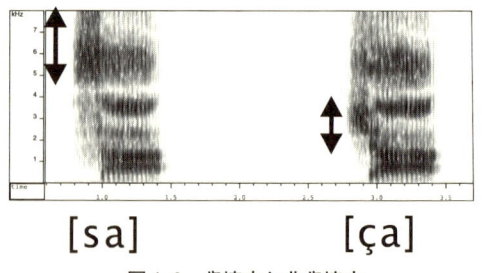

図1-8 歯擦音と非歯擦音

1.6 音素と音韻体系

1.6.1 音素の概念

1.6.1.1 音素 (phoneme) と異音 (allophone)

「副次調音」の項で見たように，日本語のパ行の子音は同じ p でも後に続く母音によって特に副次調音を伴わない [p]，唇音化した [pʷ]，硬口蓋音化した [pʲ]，軟口蓋音化した [pˠ] などになる。しかし，日本語話者は普通はこの違いに気づかず，全て「同じ音」だと思っている。同様に，カ行の子音 k は，「キ」なら口蓋化して前寄りになり（記号で示せば [k̟]），「コ」なら調音位置が後ろ寄りになるうえに唇音化もする（記号で示せば [k̠ʷ]）など，無声軟口蓋破裂音ではあっても後続の母音によって厳密には異なる音が用いられるのだが，やはり日本語話者はその違いは意識せずに，全て同じ k だと見なしている。

このように，音声的には異なっていても母語話者が「同じ音」だと思っている一群の音をまとめた抽象概念を**音素**と呼ぶ。そして様々に実現される実際の音はその音素の異音と呼ばれる。上の場合で言えば，日本語のパ行子音の音素 /p/ は [pʷ, pʲ, pˠ, p] などの異音を持ち，カ行子音の音素 /k/ は [k, k̟, k̠ʷ] などの異音を持つということである（音素を / /，異音を [ ] に囲んで示すのが言語学での慣習である）。

同じ音素に属するそれぞれの異音はでたらめに現れるわけではなく，周囲の音などの条件によってどれが現れるのかを特定することができる。

/p/ の異音であれば，/o/ の前で [pʷ]，/i/ の前で [pʲ]，/u/ の前で [pˠ]，/a, e/ の前で [p]，という条件付けが可能である。このように，現れる位置によって決まる異音を特に**位置異音**（positional allophone）とも呼ぶ。

裏返して言えば，同じ音素に属する位置異音は互いに同じ位置（＝音声的環境）には現れない。このような分布を**相補的分布**（complementary distribution）と呼ぶ。

一方，同じ音声的環境に現れる（相補分布をなさない）異なる音が同じ音素に属するという場合もある。例えば，日本語のラ行の子音は [ɾ, d, l, l] などのどれでも可能で，これは周囲の音が何かによっては特定できない。このような異音を**自由異音**（free variant）と呼ぶ。ただし「自由」と言ってもその現れ方に全く条件がつかないわけではなく，話し手や話すテンポ，スタイルなどによって条件づけることも不可能ではない。ただ，周囲の音によっては特定できないというだけである。

1.6.1.2 音素の抽象性

上では話の導入を単純にするために「母語話者が同じ音だと思っている」という述べ方をしたが，より正確には「ある言語の中で同じ音として機能する」一群の音をまとめたものが音素である，と考える方がよい。例えば，日本語のサ行の子音は後続母音が /i/ なら [ʃ]，それ以外なら [s] だが，日本語を母語とする者でこれらの違いに気づいている者は少なくないであろう。さらに，タ行子音となると，/a, e, o/ の前の [t] と，/i/ の前の [tʃ]，/u/ の前の [ts] が同じ音であると思う者はほとんどいないはずである。

しかし，これらの音は，日本語の中で「同じ音」として機能していると見ることができる。例えば，「刺す」「立つ」という 2 つの動詞の活用を見てみよう（カッコ内はそれにつながる助動詞の例）。

刺さ（ない）　　立た（ない）
刺し（ます）　　立ち（ます）
刺す　　　　　　立つ
刺せ　　　　　　立て
刺そ（う）　　　立と（う）

これを音声表記すると次のようになる。
　[sasa(nai)]　　　[tata(nai)]
　[saʃi(masɯ)]　　[tatʃi(masɯ)]
　[sasɯ]　　　　　[tatsɯ]
　[sase]　　　　　[tate]
　[saso(ː)]　　　　[tato(ː)]

　「活用」というのは，その単語に共通の「語幹」に活用形それぞれの「語尾」がつく，という方法で行なわれる。音声表記のままでは「刺す」の語幹は [sa-]，「立つ」の語幹は [ta-] であり，活用語尾は「刺す」が [-sa, -ʃi, -sɯ, -se, -so]，「立つ」では [-ta, -tʃi, -tsɯ, -te, -to] ということになる。語幹は語が違えば異なるのは当然だが，「刺す」と「立つ」は活用語尾も異なるため，前者は「サ行五段活用」，後者は「タ行五段活用」という別の種類の活用をすると見なされることになる。
　しかし，いま仮に [s, ʃ] が同じ音素 /s/ の異音であり，[t, tʃ, ts] が同じ音素 /t/ の異音であるとして，活用を音素表記してみよう。

　/sas-a(nai)/　　　/tat-a(nai)/
　/sas-i(masu)/　　 /tat-i(masu)/
　/sas-u/　　　　　 /tat-u/
　/sas-e/　　　　　 /tat-e/
　/sas-o(H)/　　　　/tat-o(H)/

　　※音素 /H/ については§2.4.1で取り扱う。

ここでは語幹と見なせる部分と活用語尾と見なせる部分の間にハイフンを入れて示したが，一見してわかるように「刺す」の語幹は /sas-/，「立つ」の語幹は /tat-/ であり，活用語尾は両者で共通に /-a, -i, -u, -e, -o/ であると見なすことができる。つまり，[s, ʃ] および [t, tʃ, ts] がそれぞれ「同じ音」として機能していると見る（＝同じ音素に属すると見る）ことにより，動詞の活用をより一般化して扱えるようになるわけである。

このような音素の捉え方は，言語における音声上の最小単位である音素に動詞の活用という別次元の（形態論の）議論を持ち込むものだから採るべきではないという考え方もある。これは言語の記述にどれほどの抽象性を認めるかという態度の問題であって，どの立場が絶対的に正しいと言えるものではないが，本書では上で説明した，日本語において [s, ʃ] は同じ音素 /s/ の異音，[t, tʃ, ts] は同じ音素 /t/ の異音であるとするような音素観を採用することにする。五十音図で同じ子音音素を持つものが縦に並んでいると見ることができる点で，日本語話者にとって馴染みやすいからである。

1.6.2　音節構造 (syllable structure)

音素が組み合わさって語が構成されるわけだが，どのような順序で組み合わさってもよいというわけではない。すなわち，音素配列には制約があり，その制約は言語によって異なっている。一般に音素配列に対する制約は，母音を中心に前後に子音を伴う単位である**音節** (syllable) を範囲として及ぼされるものなので，これは音節構造の違いとなって現れる。

いまここで，子音をC，母音をVで表わし，任意の（＝あってもなくてもよい）要素をカッコに入れて示すとすると，日本語の音節の基本構造は /(C)V/ である。つまり，母音のみか，その前に子音を1つだけ伴うということである。（なおこのように母音で終わる音節を**開音節**

open syllable と呼ぶ。逆に子音で終わる音節は**閉音節** closed syllable と呼ばれる。）

　ただし，拗音の場合は音素 /j/ が子音と母音の間に入り，また母音の後には特殊モーラ音素 /H, J, Q, N/（具体的内容については§2.4で説明する）も入り得るので，日本語の音節の構造のあらゆる可能性を網羅すると，/Q, N/ が入った音節は閉音節ということになり，最大限まで含めると /(C(j))V(H or J)(N or Q)/（「チェーン」など）となる。これは決してまれなタイプではないが，/Q, N/ 以外の子音が閉音節を「閉じる」ことはないので，英語との比較において考える場合，日本語の音節は基本的に開音節 /(C)V/ であると考えた方がよい。

1.6.3　音韻体系と外国語学習

　言語はそれぞれ固有の音素体系を持っている。体系が異なるということは，同じ2つの音がある言語では同じ音素に属し，別の言語では違う音素に属することがあるということである。例えば，上で見たように日本語では [s] と [ʃ] は同じ音素 /s/ に属するのだが，英語では [s] は /s/，[ʃ] は /ʃ/ と別の音素に属している。外国語の発音の習得が難しいのは，母語に存在しない音があるということだけではなく，このような音素体系の食い違いがあることにもよるのである。

2 日本語の音韻体系

ここでは，日本語の個々の発音を，音韻体系という形で紹介する。具体的には，音素とその代表的な異音を紹介するというかたちになる。

2.1 母音

日本語には母音音素が5個ある。通常のカナ表記を使うと「ア，イ，ウ，エ，オ」となるが，音素表記はそれぞれ /a, i, u, e, o/ とする（§ 1.2.2.2 の図 1-4 も参照）。

/a/：[ɐ] が普通（[˕] は「下寄り」を意味する補助符号）。ヤ行および拗音の /j/ の後では前寄りになって [æ] となる。「土産」/mijage/ [mʲijæge] など。ただし本書では簡略化して全て [a] と表記する。

/i/：ほぼ基本母音に近い [i]。直前の子音を著しく硬口蓋音化する。無声子音にはさまれた場合と，無声子音の後で語末に来た場合は無声化して [i̥] となるのが普通。

/u/：[ɯ] と [ɨ] の中間が普通だが，本書ではこれを [ɯ] と表記する。[s, z] の後ではさらに前寄りになって [ɨ] に近くなるため，「ス」/su/ [sɨ]「ツ」/tu/ [tsɨ]「ズ」/zu/ [dzɨ] と表記することにする。/i/ と同様の環境で無声化するのが普通。

/e/：[e] と [ɛ] の中間が普通だが，本書ではこれを [e] と表記する。

/o/：[o] と [ɔ] の中間が普通だが，本書ではこれを [o] と表記する。

2.2 子音

/p, t, k, b, d, g, s, z, h, m, n, j, w, r/ がある。体系を示すと次のような表になる。/h/ は異音として硬口蓋音，両唇音を持つため，ここではあえて調音位置を示す境界を外した。

		両唇音	歯音	歯茎音	硬口蓋音	軟口蓋音	声門音
破裂音		p b	t d			k g	
摩擦音	歯擦音			s z			
	非歯擦音						h
鼻音		m		n			
接近音		(w)			j	w	
流音				r			

表 2-1　日本語の子音音素

/p/：/a, e/ の前で [p]，/i, j/ の前で [pʲ]，/u/ の前で [pˠ]，/o/ の前で [pʷ]。

/t/：/a, e/ の前で歯音 [t]，/o/ の前で [tʷ]，/i, j/ の前で [tʃ]，/u/ の前で [ts]。

/k/：/a, e, u/ の前で [k]，/i, j/ の前で [k̟]，/o/ の前で [k̠ʷ]（[̟] は前寄り，[̠] は後寄りを意味する補助符号）。

/b/：語頭および /N/ の後の場合，/a, e/ の前で [b]，/i, j/ の前で [bʲ]，/u/ の前で [bˠ]，/o/ の前で [bʷ]。母音間では完全に閉鎖せず摩擦音 [β, βʲ, βˠ, βʷ]（後続母音による副次調音の条件は同じ）となるのが普通。「カバ」/kaba/ [kaβa〜kaba] など。

/d/：/a, e/ の前で歯音 [d]，/o/ の前で [dʷ]。/i, j, u/ の前では /z/

と同じ（「ヂ，ヅ，ヂャ，ヂュ，ヂョ」＝「ジ，ズ，ジャ，ジュ，ジョ」である）。母音間（/a, e, o/ の前）で有声歯摩擦音 [ð, ðʷ] になることもある。

/g/：方言差・年代差・個人差による変異が多いためか，話題にのぼりやすい音素である。

(1) 語頭の場合：/a, e, u/ の前で [g]，/i, j/ の前で調音位置が前寄りの [ɡ̟]，/o/ の前で調音位置が後ろ寄りで唇音化した [gʷ]

(2) 語中の場合

最近の発音では母音間で [g, ɡ̟, gʷ] または [ɣ, ɣ̟, ɣʷ]：「影」/kage/ [kage〜kaɣe]，/N/ の後で [g, ɡ̟, gʷ] または [ŋ, ŋ̟, ŋʷ]：「版画」/haNga/ [haŋga〜haŋŋa]

保守的な発音では一律に [ŋ, ŋ̟, ŋʷ]：「影」[kaŋe]「版画」[haŋŋa]

/s/：/a, e, u/ の前で [s]，/o/ の前で [sʷ]，/i, j/ の前で [ʃ]。「石」/isi/ [iʃi]，「医者」/isja/ [iʃa] など。若い世代で，一律に無声歯摩擦音 [θ] を使う発音も聞かれる。

/z/：語頭および /N/ の後の場合，/a, e, u/ の前で [dz]，/o/ の前で [dzʷ]，/i, j/ の前で [dʒ]。母音間の場合，それぞれ [z, zʷ, ʒ] となることもある。「尾瀬」/oze/ [oze〜odze]，「叔父」/ozi/ [oʒi〜odʒi] など。

/h/：/a, e, o/ の前で [h]，/i, j/ の前で [ç]，/u/ の前で [ɸ]。ただし，/o/ の前で強調したときに [xʷ] となることもある。暇 /hima/ [çima]，「百」/hjaku/ [çakɯ]，「本当!?」/honto/ [xʷonto〜honto] など。

/m/：/a, e/ の前で [m]，/i, j/ の前で [mʲ]，/u/ の前で [mɣ]，/o/ の前で [mʷ]。

/n/：/a, e, u/ の前で歯音 [n]，/o/ の前で [nʷ]，/i, j/ の前で硬口蓋歯茎音 [ɲ]。

/r/：語頭では [ɾ, ɖ, ɭ, l] など。語中では [ɾ] が多いと思われる。

/j/ : /a, u/ の前では硬口蓋接近音 [j]，/o/ の前では円唇が加わり [ɥ]。
/w/ : 非円唇の両唇軟口蓋接近音 [w]。/a/ の前のみに現れる。

2.3 拗音

音素としては /j/ だが，子音の後に現れてその子音の /j/ の前の異音を導き出すだけでこれ自身は音として実現しない。/o/ の前では円唇も加わる。「キャ」/kja/ [kʲæ]，「シュ」/sju/ [ʃɯ]，「チョ」/tjo/ [tʃʷo] など。

2.4 特殊モーラ

長母音（「ー」）/H/，「イ」で終わる二重母音の第 2 要素 /J/，促音（「ッ」）/Q/，撥音（「ン」）/N/ がある。日本語に独特の種類の音素で，単独で 1 モーラを構成する。独立モーラとも呼ばれる。(「モーラ」の用語については第 9 章を参照。)

2.4.1 長母音 /H/

母音の後に現れ，直前の母音と同じ音を続ける。「アー」/aH/ [aː] など。なお，文字のうえでは「エイ」「オウ」となっていても，実際には /eH, oH/ に対応することが多い。「防衛」/boHeH/ [boːeː] など。

2.4.2 「イ」で終わる二重母音の第 2 要素 /J/

母音の後に現れ，直前の母音とともに 1 音節をなす。「貝」/kaJ/

[kai̯]，「コイン」/koJN/ [koi̯ɴ] など（[̯] は音節の中心にならないことを表わす補助符号）。「イ」の直前に語形成上の切れ目がある場合は /J/ ではなく，母音音素 /i/ となる。「小石」/koisi/ [koiʃi]。なお，/i, e/ の後では前述の /H/ と区別がつかない。

2.4.3　促音 /Q/

語末では [ʔ]（「あっ」/aQ/ [aʔ]）。語中では /m, n, j, w/ 以外の子音の前に現れ，それと同じ子音（破擦音の場合は閉鎖部分）として現れる。ただし，後続の子音との間に調音の力の弱まりがあるため，単純な長子音ではなく，重子音と見なされる。「楽器」/gaQki/ [ɡak̚ki]，「発作」/hoQsa/ [hossa]。元来は有声子音 /b, d, ɡ, z/ の前には現れないものだったが，外来語では用いられるようになっている。「バッグ」/baQgu/ [baɡɡɯ]

2.4.4　撥音 /N/

日本語で最も多彩な異音を持つ音素。
（1） 語末（正確には「発話末尾」）では口蓋垂鼻音 [ɴ]。「3」/saN/ [saɴ]。もっとも，発話末尾であっても，次に言おうとしている音の影響を受けることが多いので，この異音はめったに現れない。
（2） 閉鎖音（＝口腔内に閉鎖が形成される破裂音，鼻音，弾音）の前では，それと同じ調音位置の鼻音となる。

　　「3発」　/saNpatu/ [sampatsɯ]

　　「3倍」　/saNbai/ [sambai]

　　「3枚」　/saNmai/ [sammai]

　　「3点」　/saNteN/ [santeɴ]

　　「3台」　/saNdai/ [sandai]

　　「3千」　/saNzeN/ [sandzeɴ]

「3年」　　/saNneN/　　[sanneɴ]
「3列」　　/saNretu/　　[saɳɖetsɨ]
「3着」　　/saNtjaku/　　[saɲtʃakɯ]
「30」　　/saNzyuH/　　[sandʒɯː]
「3人」　　/saNniN/　　[saɲɲiɴ]
「3回」　　/saNkai/　　[saŋkai]
「3限」　　/saNgeN/　　[saŋgeɴ〜saŋŋeɴ]

（3）母音（半母音を含む）の前では，その母音に対応する鼻母音（ただし /a/ の場合は [ə̃]），/h/ の前ではその後の母音に対応する鼻母音になる。前の母音の影響も受けると考えられるが，以下の表記ではこの点は考慮しない。

「3アンペア」　/saNaNpea/　[saə̃ampea]
「3インチ」　　/saNiNti/　　[saĩɲtʃi]
「3円」　　/saNeN/　　[saẽeɴ]
「3Ω（おーむ）」　/saNoHmu/　　[saõoːmɯ]
「3枠」　　/saNwaku/　　[saũwakɯ]
「三役」　　/saNjaku/　　[saĩjakɯ]
「三半規管」　/saNhaNkikaN/　[saə̃haŋki̥kaɴ]
「3品目」　　/saNhiNmoku/　[saĩçimmokɯ]
「3方向」　　/saNhoHkoH/　[saõhoːkoː]

（4）[s] の前では [ɨ̃]，[ʃ] の前では [ĩ] となる。

「3歳」　　/saNsai/　　[saɨ̃sai]
「3色」　　/saNsjoku/　　[saĩʃʷokɯ]

3　英語の母音

3.1　アメリカ英語の母音体系

3.1.1　アメリカ英語の母音一覧

　一口にアメリカ発音といっても一様ではないが，本書で取り扱う標準的なアメリカ発音では，母音音素は 21 個ある。それを体系としてまとめたものが次ページの表 3-1 である。

　英語の母音は，まずアクセントのあるところのみに現れる**強母音**と，アクセントのないところのみに現れる**弱母音**とに分かれる。強母音はさらに，子音が必ず後続する（＝閉音節のみに現れる）**抑止母音**と，後に子音を伴う必要のない（閉音節にも開音節にも現れる）**開放母音**に分かれる。表の中で「強母音」に分類されている母音の位置は，およそ図 3-1（単母音 monophthong）・3-2（二重母音 diphthong）で示しているとおりである。

　抑止母音は**短母音**と呼ばれることが多い。開放母音はさらに**長母音**と**二重母音**とに分けられ，その名称で呼ばれることが多い。ただし，次項で説明するように短母音・長母音・二重母音という名称は必ずしもその母音の音声的実態を表わしているわけではないので，英語の母音体系として重要なのは，強母音と弱母音に分かれ，強母音がさらに抑止母音・開放母音に分かれるところまでである。

　この分類は主としてその母音がどのような音声的環境に現れるかによ

Exercise 3-1 (英語の母音一覧)

I-4

No.	記号	例語	通称名	母音群の通称	母音体系上の分類	
1	ɪ	bit	short I	短母音 short vowels	抑止母音 checked vowels	強母音（完全母音） strong vowels (full vowels)
2	ɛ	bet	short E			
3	æ	bat ask	short A flat A			
4	ʌ	but	short U			
5	ʊ	foot				
6	i	beat	long E	長母音 long vowels	開放母音 free vowels	
7	ɑ	pot father	short O broad A			
8	ɔ	caught fog	open O			
9	u	root				
10	ɚ	bird	hooked schwa			
11	eɪ	bait	long A	二重母音 diphthongs		
12	aɪ	bite	long I			
13	ɔɪ	noise				
14	oʊ	boat	long O			
15	aʊ	shout				
16	ə	about	schwa	弱母音（弱化母音） weak vowels (reduced vowels)		
17	ɪ	habit				
18	ʊ	today				
19	ɚ	letter				
20	i	city previous				
21	u	virtue usual				

表 3-1　英語の母音音素

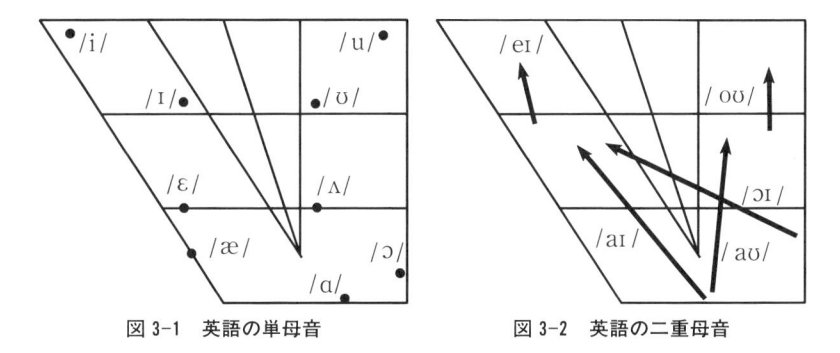

図 3-1　英語の単母音　　　図 3-2　英語の二重母音

るものだが，それぞれには音声的な特徴もある。まず強母音と弱母音を比べると，強母音ははっきりした音質を持っているのに対して弱母音は音質が曖昧である。

抑止母音と開放母音の違いは，（1）他の条件が同じなら抑止母音の方が短めで，（2）抑止母音の方が後続の子音との結びつきが密で子音が長くなる，ということが挙げられる。（2）の特徴のため，日本人の耳には抑止母音は直後の子音との間に促音「ッ」が入ったように聞こえることが多い。このことは外来語のカナ表記に反映されており，set /sɛt/ は日本人には「セット」に近く聞こえるためにそのように書かれるのである。

日本語の母音には強母音・弱母音という区別はない。アクセントがあってもなくても5つの母音が等しく現れるからである。また，日本語の母音は全て開放母音である。5つの母音の中に閉音節だけに現れるものは存在しないからである。

3.1.2　母音体系の下位分類について

3.1.2.1　長母音・短母音の区分について

アメリカ英語では，長さのみによる母音の区別はない。短母音に分類されている母音もそれぞれで長さに違いがあり，殊に /æ/ は長い。ま

た，英語の母音に共通する特徴として，無声子音が後続する場合には，有声子音が後続する場合や語末の場合よりも長さが短くなる **pre-fortis clipping**（硬音前短縮）という現象がある。このため，有声子音の前の短母音は無声子音の前の長母音と同じくらいの長さかむしろ長めにさえなる。また，母音の長さは，アクセントの程度によってさらに大きく変動する。このため本書では，母音の音素表記から，長さが固定的であると誤解されかねない長音符号 /ː/ を排することにした。

これはまた，いろいろな英語辞典でそれぞれ少しずつ異なった発音表記が行なわれている現状から，そのどれとも異なりつつ，なお音声学的に健全な表記を使うことにより，利用者が，現実に存在する様々な表記を使いこなせるようになるために，記号の少々の違いごときの障壁は容易に乗り越えられるようになってもらいたいためでもある。（なお，第7章を参照。）

3.1.2.2　二重母音・長母音・短母音の区分について

英語の二重母音は全て，前半の要素が強く長く後半の要素が弱く短い**下降二重母音**（falling diphthong）である。さらには，後半の要素はあくまでも目標点であってそこに到達することは必要条件ではない。そのこともあって，移動距離の短い二重母音である /eɪ/ と /oʊ/ は後半の要素がほとんど聞こえない [eˑ] と [oˑ] になってしまうこともある。逆に，長母音 /i, u/ が二重母音性を帯びてそれぞれ [ɪi, ʊu] となることもある。/æ/ もアメリカでは二重母音性を帯びて [ɛə] と発音されるようになる傾向にある地域がある。

以上から，英語では二重母音・長母音・短母音の区別は絶対的なものではなく，それぞれの代表的な発音のされ方を基に，体系の均衡をも考慮に入れた便宜的な名称であると言える。

3.1.2.3　弱母音の区分について

表 3-1 の中で /ɚ, i, u/ を太線で囲って区別しているのは，これらの

母音が，強母音で同じ記号で表記されているものと音質上の違いがなく，10, 19 の /ɚ/，6, 20 の /i/，9, 21 の /u/ は強母音と弱母音の両方に属していると考えることも可能だということを表わしている。残る弱母音のうち /ɪ, ʊ/ は，単語中の実現において /ə/ とどちらでもよい場合が多く，特に /ʊ/ は /ə/ と区別せずに一律に /ə/ と表記する辞書も多いことから，同じ記号を用いた強母音（1，5）とは区別するのが妥当である。

弱母音の音質はぶれが大きく，重なり合う部分もあるが，だいたいの位置を示せば図 3-3 のようになる。

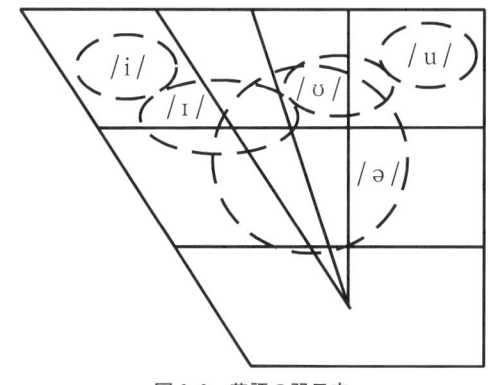

図 3-3　英語の弱母音

3.2　アメリカ英語の母音各論

ここでは，日本人にとって区別が難しい母音をペアにして比較しながら，母音を一つ一つ説明していく。

3.2.1　強母音

3.2.1.1　/i/ vs /ɪ/

/i/ は，日本の英語辞書のほとんどで /iː/ と表記されているとおり，日本語の「イー」でよい。強いて言えば，唇を横に引いた方がより英語らしくなる。/ɪ/ は，日本語の「イ」と「エ」の中間の音質の曖昧な感じの音である。多くの英和辞典ではこの 2 つの母音を長音符号の有無で

表記し分けている（/iː/ vs /i/ のように）ため，単に「イー」と「イ」で区別をするのが癖になってしまっている人が多いが，pre-fortis clipping やアクセントの影響により実際の長さの関係は複雑であるため，発音する際は音質をこそ区別する方が重要である。そのことを強調するため，あえて音素表記から長音符号 /ː/ を外した。

Exercise 3-2 (/i/)

I-5

[i˙] 短め	[iː] 長め	[iː] 長め
beat	bead	bee
seat	seed	see
piece	peas	pea
feet	feed	fee
heat	heed	he

Exercise 3-3 (/ɪ/)

I-6

[ɪ] 短め	[ɪ˙] 長め
hit	hid
rip	rib
pick	pig
lit	lid
bit	bid

Comparison 3-1 (/i/ と /ɪ/)

I-7

/i/	/ɪ/
eat	it
neat	knit
leak	lick
seep	sip
leave	live

3.2.1.2 /u/ vs /ʊ/

両方とも円唇母音のため，日本語の「ウ」「ウー」とは音質がかなり違う。さらに，/i, ɪ/ の違いと同様，両者は長さだけの違いではない。/u/ の方は，日本語の「ウー」を唇を強く丸めて突き出して発音するようにする。/ʊ/ の方は，舌の位置が日本語の「ウ」と「オ」の中間で，/u/ よりも円唇が弱いものの，むしろ「オ」の方が響きは近い。book-keeping /ˈbʊkˌkipɪŋ/ を「簿記」と訳したのは聞こえたとおりの音を利用した音訳であると言われる。

> ※ /ˈ/ は第1アクセント，/ˌ/ は第2アクセントを持つ音節の直前に付ける記号である。詳しくは §11.2 で説明する。

Exercise 3-4 (/u/)

[uˑ] 短め	[uː] 長め	[uː] 長め
boot	food	who
proof	prove	brew

Exercise 3-5 (/ʊ/)

[ʊ] 短め	[ʊˑ] 長め
foot	hood
cook	could

Comparison 3-2 (/u/ と /ʊ/)

/u/	/ʊ/
who'd	hood
Luke	look
pool	pull
fool	full
cooed	could

3.2.1.3 /ɛ/ vs /æ/

/ɛ/ は日本語の「エ」よりも舌の位置が低めで，さらにだんだんと中舌寄りになる傾向がある。一方 /æ/ は「ア」と「エ」の中間あたりでだんだんと高めになる傾向にあるため，両者は音質がほとんど同じになることも多い。そのための聞き分けの鍵は長さで，/æ/ の方が長めになることを利用するとよい。なお /æ/ の発音に際しては，唇をやや横に引き，さらに喉を締め付けるような感覚で発音するとよい結果が得られやすい。[ɛə] のような二重母音になってしまうこともある。

Exercise 3-6 (/ɛ/)
I-11

[ɛ] 短め	[ɛˑ] 長め
set	said
peck	peg
etch	edge

Exercise 3-7 (/æ/)
I-12

[æˑ] 短め	[æː] 長め
cap	cab
sat	sad
batch	badge

Comparison 3-3 (/ɛ/と/æ/)
I-13

/ɛ/	/æ/
set	sat
beg	bag
send	sand
flesh	flash
guess	gas
gem	jam

3.2.1.4 /eɪ/

/eɪ/ は，日本語の「エ」よりも舌を緊張させて「エイ」と口を狭める方に動かす。日本語では「エイ」と「エー」の発音上の区別がないため，これと /ɛ/ の区別は意外に難しいことがある。「避税地」を意味する ˈtax ˌhaven /ˈheɪvn/ の第 2 要素を heaven /ˈhɛvn/ と勘違いしていたり，「西」の west /wɛst/ も「腰周り」の waist /weɪst/ も同じく「ウエスト」とカナで書いたりしているのはその反映である。

Exercise 3-8 (/eɪ/)
I-14

[eɪ] 短め	[eˑɪ] 長め	[eˑɪ] 長め
eight	aid	A
safe	save	say
mate	maid	may

Comparison 3-4 (/ɛ/ と /eɪ/)
I-15

/ɛ/	/eɪ/
get	gate
pen	pain
edge	age
west	waist
tell	tail
heaven	haven
fed	fade
etch	H

3.2.1.5 /ɑ/ vs /ʌ/

どちらも「ア」のように聞こえるが，違いは，前者が口の開きが大きく長いのに対して，後者は口の開きが小さく短いことである。

なお，規則的な綴り字は /ɑ/ が ⟨o⟩，/ʌ/ は ⟨u⟩ だが，写本の時代

に〈m, n, v〉などに隣接した〈u〉が判読しづらいことから〈o〉で代用させて書いたのが定着してしまった語が多数（son, come, love, front, onion など）あり、そのような語では〈o〉でも /ʌ/ で発音されるため、注意が必要である。

また、日本人学習者の中には、綴り字〈o〉を日本語のローマ字読みに引かれて「オ」と発音してしまう人が多いが、規則的な /ɑ/ であれ、そうではない /ʌ/ であれ、アメリカ発音では「ア（ー）」に近く聞こえるのが正しいので注意したい。

なお、英和辞典のほとんど全てでは /ɑ/ とは別に /ɑː/ という音素を設けている。これは、イギリス発音との併記の都合と、アメリカでも一部の方言では区別があるとされているということが根拠になっているが、逆に言えば、アメリカ発音のほとんどでは区別がないため、本書では独立した音素として /ɑː/ を認めないこととした。下の Comparison 3-5 を聴けば、そのことが納得されるだろう。

Exercise 3-9 (/ɑ/)
I-16

[ɑ·] 短め	[ɑː] 長め
mop	mob
got	god
knots	nods

Comparison 3-5 (/ɑ/ と /ɑː/)
I-17

/ɑ/	(/ɑː/)
bomb	balm
com	calm
bother	father
	Chicago
	psalm
	spa

※男性の方は balm, calm を /bɑlm, kɑlm/ と発音している。

Exercise 3-10 (/ʌ/)
I-18

[ʌ] 短め	[ʌˑ] 長め
cup	cub
but	bud
duck	dug
bus	buzz

Comparison 3-6 (/ɑ/ と /ʌ/)
I-19

/ɑ/	/ʌ/
rob	rub
hot	hut
lock	luck
doll	dull
wander	wonder

3.2.1.6 /ɔ/ vs /oʊ/

/ɔ/ は英和辞典などでは /ɔ:/ と表記されているのが普通だが，本書では母音において長さの違いを区別しないため，長音符号を付けずに /ɔ/ とする。ただし実際は特に舌の位置が低いため，音声的には [ɒ] となる。一方 /oʊ/ は [o] から [ʊ] に向かう二重母音だが，二重母音性を失って [oˑ] になることも少なくないので，両者の違いは主に口の開きによると考えた方がよい。またアメリカの西側3分の2では /ɔ/ が唇の丸めを失って /ɑ/ と同じになる発音の仕方が普通で，さらに広まる傾向にあるため，強いて /ɔ/ の発音を学ぶ必要はないかもしれない。そうすれば，この区別を問題にする必要はなくなる。

Exercise 3-11 (/ɔ/ = [ɒ])

[ɒ·] 短め	[ɒː] 長め	[ɒː] 長め
ought	awed	awe
thought	thawed	thaw
sauce	saws	saw

※女性は全て/ɑ/で発音している。

Comparison 3-7 (/ɔ/ (=/ɑ/) と /ɑ/)

/ɔ/ (=/ɑ/)	/ɑ/
caught	cot
dawn	don
law	la
naught	not
sought	sot
taught	tot

※女性は両方とも/ɑ/で区別せず，男性は/ɔ/と/ɑ/を区別して発音している。

Exercise 3-12 (/oʊ/)

[oʊ] 短め	[o·ʊ] 長め	[o·ʊ] 長め
rope	robe	row
note	node	no
loath	loathe	low

Comparison 3-8 (/ɔ/ と /oʊ/)

/ɔ/	/oʊ/
law	low
bought	boat
chalk	choke

called   cold
pause   pose
clause   close

3.2.1.7 /aɪ, ɔɪ, aʊ/

発音上特に困難な点はないが，第1要素の方が長く，徐々に移動し，第2要素には到達しないのが普通で「アーエ」「オーエ」「アーオ」程度になることは注意しておいてよい。

Exercise 3-13 (/aɪ/)
I-24

[aɪ] 短め	[aˑɪ] 長め	[aˑɪ] 長め
sight	side	sigh
height	hide	high

Exercise 3-14 (/ɔɪ/)
I-25

[ɔɪ] 短め	[ɔˑɪ] 長め	[ɔˑɪ] 長め
voice	noise	boy
exploit	employed	employ

Exercise 3-15 (/aʊ/)
I-26

[aʊ] 短め	[aˑʊ] 長め	[aˑʊ] 長め
house /haʊs/	house /haʊz/	how /haʊ/

3.2.1.8 /ɚ/

ここで扱うのは，通常の母音の分類法では記述できない母音音素 /ɚ/ である。「r の音色の母音」とも呼ばれる。[ɚ] の一般的な調音には，「もり上がり舌母音」と呼ばれる中舌面を大きく盛り上げる形と，舌先を上にそらせた「そり舌母音」がある。従来はそり舌母音として説明されていることが多かったが，現実にアメリカ人の調音を調べると，「も

り上がり舌母音」もそれに劣らず多い。ただし，両者の音質に実質的な違いはないので，音質さえうまく得られているのなら，現在自分のしている調音を変える必要はない。

これまでこの音ができなかった人は，舌全体をやや後ろに引き，舌の縁を上の奥歯の内側にくっつけながら舌先は押し下げる，という方法で「もり上がり舌母音」を出すことを試みるとよい（このとき，喉に力を入れるとうまく行きやすい）。どうしてもできない人は，イギリス発音とアメリカ・ニューイングランド地方で用いられる中中舌母音の [ə:]（かなり口の開きを狭めた「アー」）で妥協してもよい。

Exercise 3-16 (/ɚ/)
I-27

[ɚ] 短め	[ɚː] 長め	[ɚː] 長め
curt	curd	cur
surf	serve	sir
hearse	hers	her
perch	purge	purr
Bert	bird	burr

3.2.2 弱母音

弱母音とは，元来はっきりした音質を持っていた母音が，アクセントがないために曖昧にぼかされ，母音の空間の中央の [ə] の方向へ変質したものである。このため，発音するときは「曖昧にぼかす」ことが大事であって，絶対的な音質というものはない。弱母音の発音の習得には音質は重要でなく，むしろアクセントの習得を重視すべきである。

3.2.2.1 /i/

日本語の「イ」を弱く言う感じでよい。語末または母音の前でのみ現れる。ただし，元来は語末だったものに子音の活用語尾などがついた場

合はその限りではない。表記上は長音符号をつけないが，語末では比較的長い。

Exercise 3-17 (/i/)
I-28
carr__y__, happ__y__, l__i__ly, monk__ey__, acn__e__, apostroph__e__;
carr__i__ed, l__i__lies;
colon__i__al, prev__i__ous, cer__e__al

3.2.2.2 /ɪ/

子音の前でのみ現れる。日本語の「エ」を弱く言う感じにした方がよい。「イ」のつもりで発音すると，前後に無声子音が来た場合に日本語の癖を持ち込んで無声化させてしまいやすいからである。/ə/ と，どちらの発音を用いてもよい場合が多い。

Exercise 3-18 (/ɪ/)
I-29
art__i__st, __i__ntend, mus__i__c, rap__i__d, b__e__cause, __e__dition, end__e__d, r__e__port, vill__a__ge, barg__ai__n

3.2.2.3 /u/

日本語の「ウ」を弱く言う感じでよい。母音の前でのみ現れる。

Exercise 3-19 (/u/)
I-30
habit__u__al, __u__sual, act__u__al, val__u__able, contin__u__ation

3.2.2.4 /ʊ/

子音の前でのみ現れる。前項の /u/ と特に区別する必要はなく，日本語の「ウ」を弱く言う感じでよい。辞書によっては次項の /ə/ と同一視して /ə/ と表記しているものがあるが，「ア」と結び付けて考えるのは不適切である。

Exercise 3-20 (/ʊ/)
I-31
 fort<u>u</u>ne, t<u>o</u>day, arg<u>u</u>ment, sol<u>u</u>ble, reg<u>u</u>lar

3.2.2.5 /ə/

英語の弱母音の代表的存在で，母音の中で最も現れる頻度が高いものである。元来の強母音が弱まってはっきりした音質を失ったものをまとめて扱ったものであり，もともとの強母音の音質をわずかに残していることが多い。したがって「ア」ではなく，綴り字に対応する強母音（主に短母音）を弱く言う感じにした方がよい。完全に弱化している場合は，「ア」と「ウ」の中間のような音質になる。なお語中では母音の前に現れることはない。

Exercise 3-21 (/ə/)
I-32
 <u>a</u>bout, sof<u>a</u>, childr<u>e</u>n, mom<u>e</u>nt, poss<u>i</u>ble, c<u>o</u>ntain, meth<u>o</u>d, fam<u>ou</u>s

3.2.2.6 /ɚ/

強母音/ɚ/および第5章で扱う「母音＋/ɹ/」に対応する弱母音。表記上は長音符号をつけないが，語末では比較的長くなり，強母音の一部（/ʌ, ɛ/ など）よりも長いのが普通。

Exercise 3-22 (/ɚ/)
I-33
 s<u>ur</u>prise, p<u>er</u>cent, inf<u>or</u>mation, und<u>er</u>stand, confi<u>r</u>mation, butt<u>er</u>, mann<u>er</u>

Comparison 3-9 (/ə/と/ɚ/)
I-34

/ə/	/ɚ/
form<u>a</u>lly	form<u>er</u>ly
peninsul<u>a</u>	peninsul<u>ar</u>

4 英語の子音

4.1 子音体系の日英比較

4.1.1 英語の子音体系

英語の子音音素を Exercise 4-1 に列挙する。

Exercise 4-1（英語の子音一覧）

/p/	pet	/f/	face	/z/	zoo	/n/	nice
/b/	big	/v/	very	/ʃ/	ship	/ŋ/	sing
/t/	tea	/θ/	think	/ʒ/	vision	/l/	leaf
/d/	day	/ð/	this	/tʃ/	cheap	/ɹ/	read
/k/	kick	/h/	hat	/dʒ/	joy	/j/	yes
/g/	give	/s/	six	/m/	make	/w/	week

体系を表の形で示すと次ページの表 4-1 のようになる。

4.1.2 日本語の子音体系

第 2 章で示した日本語の子音音素体系を改めてここに表 4-2 として挙げる。

日本語の音素は異音による変異の幅が大きいため，実際にはこの表よ

りもはるかに多くの音が生じる。具体的に現れる音に関しては第2章で説明した。

		唇音	歯音	歯茎音	硬口蓋歯茎音	硬口蓋音	軟口蓋音	声門音
破裂音		p b		t d			k g	
摩擦音	非歯擦音	f v	θ ð					h
	歯擦音			s z	ʃ ʒ			
破擦音					tʃ dʒ			
鼻音		m		n			ŋ	
接近音		(w)				j	w	
	流音			ɹ				
側面接近音				l				

表 4-1　英語の子音音素

		唇音	歯音	歯茎音	硬口蓋音	軟口蓋音	声門音
破裂音		p b	t d			k g	
摩擦音	歯擦音			s z			
	非歯擦音						h
鼻音		m		n			
接近音		(w)			j	w	
流音				r			

表 4-2　日本語の子音音素

4.1.3 英語と日本語の子音体系の主な相違

（1） 日本語では，調音位置の同じ有声阻害音（破裂音，摩擦音，破擦音）の間に音素としての対立がないのに対して，英語では /b/ vs /v/，/z/ vs /dz/，/ʒ/ vs /dʒ/ のように対立があるため，この区別が日本語話者にとっては困難となる。
（2） 日本語には摩擦音のなかで非歯擦音音素が /h/ 1つだけなのに対し，英語には5つある。
（3） 英語では音素である /ŋ/ が日本語では /N/（および /g/）の異音としてしか現れない。
（4） 日本語の子音音素は /i, j/ の前での硬口蓋音化の度合が大きい（殊に /t, s, z, h, n/）。
（5） 日本語には流音は /r/ 1つしかないのに対して，英語の流音は /l, ɹ/ の2つある。

4.2 個別の子音についての詳細

本節での説明は表 4-1 の順序にこだわらず，日本人にとって困難かつ重要な順に扱うことにする。

4.2.1 流音 (liquid)

「流音」というのは音声的な定義はできないのだが，/l/ や /ɹ/ に類する音をこの名の下にまとめて扱うことが多い。

4.2.1.1 /l/

/l/ は歯茎側面接近音である。舌先を上歯茎につけたままで「オ」もしくは「ウ」といった感じの音を出す。これは軟口蓋音化した [ɫ] で，

響きの感じから,「暗い L」(dark L) と呼ばれる (軟口蓋音化していない [l] は「明るい L」(clear L) と呼ばれるが, アメリカ発音では /j/ の前を除き用いられない)。語末や子音の前ではラ行音と結びつくような響きは全くないため, 特に舌先を上の歯茎につけなくても差し支えない。

Exercise 4-2 (/l/)
I-36
  語頭：least, lend, look
  母音間：allow, fellow
  /j/ の前：million
  語末：feel, fill, fail
  子音の前：culture, milk, film, build

4.2.1.2 /ɹ/

母音 /ɚ/ に対応する半母音であるから, 日本語のラ行のように舌先が歯茎に触れることは決してない。唇の丸めを伴うのが普通である。

Exercise 4-3 (/ɹ/)
I-37
  語頭：rip, rap, rub, room, raw, rear, ray

子音連続の中や母音間に現れる /ɹ/ については第5章で扱う。また, 語末や子音の前で現れる /ɹ/ は, 多くは /ɚ/ と表記して母音として第3章で扱った。

4.2.1.3 /ɹ/ vs /l/

大人になってからこれらの音を安定して聞き分ける能力をつけるのはほとんど不可能であると言われているが, 発音し分けられるようになるのは十分可能である。

Comparison 4-1 (/ɹ/と/l/)

/ɹ/	/l/
rock	lock
wrong	long
read	lead
rye	lie
road	load

4.2.2　接近音/半母音

4.2.2.1　/j/

発音記号としての文字名は yod/jɑd/。[i] に対応する半母音だが，「後続母音よりも狭くて前寄り」という条件を保っていればよい。[i] に類する母音が後続する場合が日本人には困難だが，このような場合は有声硬口蓋摩擦音 [ʝ] のようになることもあるので，強いて言えば「ギ」と「イ」の中間の感じを目指すとよい。

Exercise 4-4 (/j/)

[i] に類する母音の前：yield, yeast, year

その他の母音の前：yell, yoke, yacht

Comparison 4-2 (/-/と/j/)

/-/	/j/
east	yeast
eeled	yield
inn	yin
ear	year
E	ye

4.2.2.2 /w/

[u] に対応する半母音だが、「後続母音よりも狭くて唇の丸めが強い」という条件を保っていればよい。[u] に類する母音が後続する場合が日本人には困難で、特に唇を強く丸めてそれを緩めるという感覚を身につける必要がある。強いて言えば「ウ」と「ブ」の中間の感じになる。

Exercise 4-5 (/w/)
I-41
[u] に類する母音の前：woo, wound; woman, wolf, wood, wool
その他の母音の前：woke, way, wit, awake

Comparison 4-3 (/-/ と /w/)
I-42

/-/	/w/
ooze	woos
soon	swoon

4.2.3 破裂音

破裂音のうち、/t, d/ は日本語と英語で調音位置が異なり、英語は歯茎音であるから日本語話者が発音するときには舌先が上の前歯の裏に触れないように注意する必要がある（ただし、あまり神経質になる必要はない）。また、英語の破裂音は全般に日本語の破裂音よりも破裂が強い。

4.2.3.1 語頭の破裂音

語頭の無声破裂音に強母音が後続する場合、破裂の後しばらく声帯の振動のない状態（[h] と同じ＝**気音**（aspiration）＝[ʰ] で表わす）が生じる**帯気**（aspirated）音となる（/s/ が先行する場合を除く）。後続が弱母音の場合は気音は弱い。日本語の無声破裂音は常に気音が弱く、**無気**（unaspirated）音に近い。

表 4-1 を見ると、英語の /pi/ の方が、日本語の /pi/ よりも、唇を開

いてから声帯が振動を始めるまでの時間がはるかに長いのがわかる。また，英語でも，/s/ が前に来ると，唇を開くのと声帯の振動が始まるのがほぼ同時になるということもわかる。英語の語頭の無声帯気破裂音は，破裂直後にハ行音を入れるような感じで発音するとうまくいきやすい。/s/ が先行する場合は，間に母音を入れないようにするだけで，他に特に意識する必要はない。

	speak /spik/ [spik] の出だし (/p/は無気音)			peak /pik/ [pʰik] の出だし (/p/は帯気音)		日本語の「ピ」 /pi/ [pi] の出だし (/p/は弱い帯気音)		
	s	p	i	pʰ	i	p	ʰ	i
両唇	開	閉	開	閉	開	閉		開
声帯	静止		振動	静止	振動	静止		振動

図 4-1　英語の帯気音・無気音と日本語の無声破裂音

一方，語頭の有声破裂音は前半もしくは全体が無声（ただし無気音）になる。日本語の語頭の有声破裂音は，名称の通り，有声である。

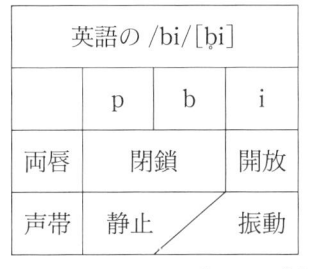

	英語の /bi/[b̥i]			日本語の「ビ」/bi/ [bi]	
	p	b	i	b	i
両唇	閉鎖		開放	閉鎖	開放
声帯	静止		振動	振動	

図 4-2　英語と日本語の語頭の有声破裂音

英語の語頭の有声破裂音は強めに破裂するように意識すれば，自然と前半が無声になってくるはずである。ただし，英語の有声破裂音は母音間（有声音に挟まれている場合）では完全に有声になる。

Exercise 4-6（語頭の破裂音）
I-43

/p-/	/sp-/	/b-/
peak	speak	beak
pie	spy	buy

/t-/	/st-/	/d-/
team	steam	deem
tuck	stuck	duck

/k-/	/sk-/	/g-/
cold	scold	gold
Kate	skate	gate

《参考》
　コンピューターで音声分析・編集ソフトが使える人は，付属 CD から Exercise 4-6 の単語のうち s で始まるものを録音し，s に相当する部分を消去して再生してみよう。面白いことに，これは有声音で始まる単語と同じように聞こえるのである。上記「語頭の有声破裂音は前半もしくは全体が無声（ただし無気音）になる」を裏書きする現象である。

4.2.3.2　語末の破裂音

　英語の破裂音は語末では破裂しないことが多い。ただし，無声破裂音の場合，語末で破裂しない点に関してはあまり気にする必要はない。破裂しても母音をつけないことは日本人にも容易だからである。
　一方，有声破裂音の場合は注意を要する。これは日本語話者は有声破裂音を破裂させると後に母音をつけてしまいがちだからである。英語では語末（発話末尾であったり無声音が後続する場合）の有声破裂音は，破裂しないことが多いと共に，後半もしくは全体が無声となるのが普通であるから，日本語話者としては直後に母音がつかないよう，破裂させない発音を目指すべきである。ただし本来は有声音であって pre-fortis

	後半が無声で[-æg̊]の場合			全体が無声で[æg̊]の場合	
	æ	g	g̊	æ	g̊
調音位置	開放	閉鎖		開放	閉鎖
声帯	振動	静止		振動	静止

図 4-3　**bag** /bæg/ の末尾

clipping（→§3.1.2.1）は起こらないため，直前の母音は長めにする。

Exercise 4-7（語末の破裂音）
I-44

/-p/	/-b/
cap	cab

/-t/	/-d/
sat	sad

/-k/	/-g/
back	bag

4.2.3.3　母音間の/p/と/k/

母音間でも，語頭の場合と同様，後続の母音が強母音の場合は帯気音になる。しかし，後続が弱母音の場合は気音は弱く，ほとんど無気音である。

Exercise 4-8（母音間の /p, k/）
I-45

	帯気音	無気音
/-p-/	upon	upper
/-k-/	become	racket

4.2.3.4　母音間の有声破裂音

　母音間にある場合（有声音にはさまれている場合）には有声破裂音は完全な有声である。しかし日本語の /b, d, g/ はこの環境では破裂が弱く，摩擦音になってしまうことが多い（/g/ の場合は人によっては鼻音になる場合もある。§2.2参照）ため，意識して強く破裂するようにする必要がある。

Exercise 4-9 （母音間の有声破裂音）
I-46

　　/-b-/　rubber, ribbon; obey
　　/-d-/　redder, medicine; today
　　/-g-/　digger, dragon; again

4.2.3.5　母音間の /t/ と /d/

　/t/ は後続の母音が強母音ならば語頭の場合と同様帯気音になる。/d/ が完全な有声音になるという点も /b, g/ と同様である。

　後続の母音が弱母音または /oʊ/ の場合，/t/ が無気音，/d/ は後続が強母音の場合と同様に完全な有声破裂音となることもあるが，アメリカ発音では両方とも日本語のラ行子音に似た歯茎弾音 [ɾ] になり区別がなくなってしまうことが多い。習得する必要はないが，聞くときには注意を要する（もっとも，習得自体は難しくはない）。

　なお，/b, g/ が [β, ɣ] で発音されるほどの頻度ではないものの，日本語の /d/ は母音間で有声摩擦音の [ð] で発音される場合もある（→ §2.2）ので，[ɾ] にしないときは [ð] にならないようにしっかり破裂させた [d] にすること。

Exercise 4-10 （母音間の /t, d/）
I-47

　　/-t-/　[ɾ]　better, daughter, pretty, autumn
　　/-d-/　[ɾ]　rider, ladder, shadow, hazardous

4.2.4 摩擦音・破擦音

有声の摩擦音・破擦音も，有声破裂音と同様，完全に有声なのは有声音に挟まれている場合のみである。特に語末では後に母音をつけてしまうのを防ぐため，無声にしてしまって直前の母音を長くした方がよいであろう。無声の摩擦音・破擦音については，全体に関係するような問題点はない。

4.2.4.1 /f/

唇歯音であるから，日本語の [ɸ] にならないように注意すべきだが，上の歯をむき出しにする必要はなく，上の歯の表面を下唇の内側に触れさせる程度でよい。

Exercise 4-11 (/f/)
I-48
　　語頭：feel, fox
　　母音間：office, sufficient
　　語末：tough, proof

4.2.4.2 /v/

唇歯音であることに加え，摩擦音である点にも注意する。摩擦音である以上，上の歯を下唇に当てたまま [vː] と継続できなければならない。下唇に上の歯を当てても一瞬で離してしまっては意味がない。語末ではほとんど無声になる。

Exercise 4-12 (/v/)
I-49
　　語頭：vine, voice
　　母音間：clever, reveal
　　語末：serve, move

4.2.4.3 /v/ vs /b/

区別する際重要なのは,「歯切れのよさ」である。/v/ では子音に「ため」を作るように, /b/ では強く破裂するように意識すればよい。

Comparison 4-4 (/v/と/b/)
I-50

/v/	/b/
vest	best
vote	boat
rove	robe
curve	curb

4.2.4.4 /s/

歯擦音であるため,摩擦の音は非常に鋭い。最近の日本語では [s] の摩擦が弱まって [θ] に近くなる傾向にあるため,意識して鋭く摩擦させるようにした方がよい。そのためには,舌端を前方に押しやって,上の歯茎になるべく近づけるようにするのが効果的である。

Exercise 4-13 (/s/)
I-51

語頭:seem, cent

母音間:passage, cassette, receive

語末:miss, loss

4.2.4.5 /z/

日本語は,語頭の /z/ の異音が [dz] で,母音間でも [z〜dz] であるため,日本人は [z] を発音しているつもりで [dz] になっていることが多い。英語では,語頭・語中ではこれらの音を区別することはないが,語末では cars と cards など多くの区別すべき組が存在する。/z/ は,決して舌先を歯茎に密着させないようにし,また /v/ の場合と同様,継続できなければならない。

Exercise 4-14 (/z/)

 語頭：zeal, zest, zone
 母音間：lazy, razor, deserve
 語末：nose, please, buzz

4.2.4.6 /tʃ/

日本語の「チ」の子音［tʃ］と異なり唇を丸めるのが普通。

Exercise 4-15 (/tʃ/)

 語頭：cheese, choice
 語中：achieve, question
 語末：church, teach, coach

4.2.4.7 /dʒ/

日本語の「ジ」の子音［dʒ］と異なり唇を丸めるのが普通。日本人が発音すると母音間や語末で［ʒ］になってしまうことがあるので，しっかりと舌先を歯茎に密着させて破裂させるようにすること。

Exercise 4-16 (/dʒ/)

 語頭：jazz, giant, just
 語中：soldier, digest, adjust
 語末：judge, George, huge, bridge

4.2.4.8 /ʃ/

記号の名称は esh /εʃ/ または long S。日本語の「シ」の子音［ʃ］と違い唇を丸めるのが普通であるため，語末では「シュ」のような響きになる。

Exercise 4-17 (/ʃ/)
I-55
語頭：shade, shine
語中：special, assure, machine
語末：cash, push, wish

4.2.4.9 /ʒ/
記号の名称は yogh/jooʊk/（ヨッホ）。/ʃ/ と同様，唇の丸めを伴う。また，/z/ の場合と同様 [ʒ] を発音しているつもりで [dʒ] になっていることが多いので，舌先を歯茎に密着させず，持続させて発音するように意識するべきである。この音素は語頭には現れない。

Exercise 4-18 (/ʒ/)
I-56
母音間：invasion, exclusion, measure, vision
語末：beige, mirage, rouge, garage, prestige

4.2.4.10 /dʒ/ vs /ʒ/
/dʒ/ vs /ʒ/ で区別しなければならない語の組はほとんどないが，舌先を上の歯茎につけるかつけないか，および歯切れの良さの違いで区別したい。

Comparison 4-5 (/dʒ/と/ʒ/)
I-57

/dʒ/	/ʒ/
virgin	version
pledger	pleasure

4.2.4.11 /θ/
記号の名称は theta /ˈθitə/（シータ）。上の前歯の裏に舌先を近づけて調音するが，このとき歯茎に舌先を近づけてはならない。歯擦音ではないため，摩擦は非常に弱く，むしろ響きは /f/ に近いため，そのこと

をイメージして発音するとよい。また摩擦音ではあるが、摩擦が弱いことが特徴なので、強いて摩擦を作り出そうとしないこと。舌先を歯茎に近づけないためには、舌全体を平坦にして、しかも歯を噛み合わせずに浮かせるとよい。中学校などでなされる、舌先を上下の歯の間から出すようにという指導は、このための方便であり、必須ではない。

　なお、日本語のサ行子音にもともと [θ] を使っている人は、この音については特に注意するべきことはない。むしろ /s/ に注意を払うべきである。

Exercise 4-19 (/θ/)
I-58

語頭：thank, theme
語中：nothing, Gothic, enthusiasm
語末：bath, breath, south

4.2.4.12　/θ/ vs /s/

摩擦が /s/ の方が鋭いという点を利用して区別する。サ行を両者の中間的な子音で発音している人は、両方の音について努力が必要である。

Comparison 4-6 (/s/ と /θ/)
I-59

/s/	/θ/
sank	thank
sigh	thigh
seem	theme
some	thumb
worse	worth
pass	path
force	forth
mouse	mouth

4.2.4.13 /f/ vs /θ/

音質が似ているので，聞き取り（特に電話での会話のように顔が見えない場合）ではむしろ /θ/ と /s/ の区別よりも難しい。

Comparison 4-7 (/f/ と /θ/)
I-60

/f/	/θ/
fought	thought
first	thirst
fret	threat
free	three
deaf	death
roof	Ruth

4.2.4.14 /ð/

記号の名称は edh /eð/（エズ。eth とも綴る）。/θ/ と同様，これも上の前歯の裏に舌先を近づけて調音し，歯茎に舌先を近づけてはならない。やはり歯擦音ではないため，摩擦は非常に弱い。場合によっては接近音 [ð̞] になり，摩擦が全くなくなってしまうこともある。

Exercise 4-20 (/ð/)
I-61

語頭：this, that
母音間：mother, weather
語末：bathe, smooth

4.2.4.15 /z/ vs /ð/

摩擦が /z/ の方が鋭いという点を利用して区別する。

Comparison 4-8 (/z/と/ð/)

/z/	/ð/
Z	thee
rising	writhing
breeze	breathe

4.2.4.16 /h/

後続の母音と同じ口の構えの無声音。日本人が注意すべきは，[i] [u] に類する母音が後続する場合で，摩擦が弱くて頼りないからと [ç] や [ɸ] を用いてはならない。例の中では，heat, hill, who に注意。日本語の /h/ に比べてかなり空気を多量に使う。who /hu/ の場合，摩擦を唇で感じるようでは不適切で，むしろ軟口蓋のあたりで感じるのが正しい。

Exercise 4-21 (/h/)

[i] に類する母音の前：heat, hill, here
[u] に類する母音の前：who, hood
その他の母音の前：hat, house
母音間：behind, perhaps

4.2.5 鼻音

/m, n/ に加え，日本語では音素として存在しない /ŋ/ が英語にはある。

4.2.5.1 /m/

特に問題はない。語末で後に母音をつけないことだけ注意する。両唇破裂音 /p, b/ の前では日本語の「ン」と同じでよい。

Exercise 4-22 (/m/)
　　語頭：meet, met
　　母音間：summer, amount
　　語末：home, room
　　両唇破裂音の前：complete

4.2.5.2　/n/

日本語のナ行子音と違い歯茎音である。また，[i] に類する音の前でも硬口蓋音化して [ɲ] になったりはしない。特に語末と /s, ʃ/ の前では舌先を歯茎につけるよう注意すること。逆に歯茎破裂音 /t, d/ の前では日本語の「ン」と同じでよい。

Exercise 4-23 (/n/)
　　語頭：nice, noon
　　母音間：manner, deny
　　語末：ten, corn
　　/s, ʃ/ の前：prince, mention
　　歯茎破裂音の前：context

4.2.5.3　/ŋ/

文字の名称は eng /ɛŋ/（エング）。母音間に現れる場合，「ガ行鼻濁音」を使わないタイプの人（つまり§2.2 で言う「保守的な発音」を使わない人）は誤って /ŋg/ という連続にならないように気を付けること。軟口蓋破裂音 /k/ の前では日本語の「ン」と同じでよい（/g/ の前に関しては次項を参照）。

Exercise 4-24 (/ŋ/)
　　語末：king, hang, wrong
　　母音間：singer, ringing

4.2.5.4 綴り字 〈ng〉 の /-ŋ-/ と /-ŋg-/ との使い分け

語中では基本的に /-ŋg-/ だが，綴り字 〈ng〉 の後が派生語尾・活用語尾の場合は /-ŋ-/ となる。だから，singer は /-ŋ-/ で，finger は /-ŋg-/。ただし，形容詞の比較変化は別で，long の比較級 longer では /-ŋg-/ となる。

日本語話者は，母音間の /g/ の異音が [g～ɣ～ŋ] である一方，/Ng/（「ン」+ ガ行）になると，それとは独立に [ŋg～ŋŋ] となる人に分かれるので，個人個人が自分の日本語の癖をつかんで，適切な修正をすることが大切である。

Comparison 4-9 (/-ŋ-/ と /-ŋg-/)
I-67

/-ŋ-/	/-ŋg-/
singer	finger
hanger	hunger

4.2.5.5 語末の /m, n, ŋ/

後に母音が続かない場合，鼻音相互の聞き分けは非常に難しくなるので，できなくても無理はない。実際の発話では後続の語が母音で始まるような場合が多いので区別できる。

Comparison 4-10 (/m/ と /n/ と /ŋ/)
I-68

/m/	/n/	/ŋ/
rum	run	rung
ram	ran	rang
hum	Hun	hung

5 英語の音連続

個々の音は単独で現れるのではなく，他の音との組み合わせで現れるのが本来の姿である。ここではそのような音の連続の中で重要なものを取り上げて練習する。

5.1 母音＋/ɹ/

アメリカ英語の発音上の特徴の一つとして「母音の後の r（post-vocalic r）」がある。厳密には，さらに後に子音が続くか，語末である，という条件が付くが，こうした「母音の後の r」の例を表 5-1 に挙げる。これらは「r の二重母音」「r の三重母音」と呼ばれて母音の一種と考えられることが多いので，第 3 章の表 3-1 に続けた通し番号を振っておく。

/ɔɹ/ の /ɔ/ は，単独の /ɔ/ の実際の発音が [ɒ] であったのに対して，/ɹ/ の前では [ɔ] という異音を持つため，/ɔɹ/ の組み合わせでは出だしで日本語の「オ」よりも極端に大きく口を開く必要はない（同じぐらいでも構わない）。

また，三重母音 /aɪə, aʊə/ で /ɹ/ ではな

	記号	例語
22	ɪɹ	here
23	ɛɹ	fair
24	ɑɹ	car
25	ɔɹ	shore
26	ʊɹ	cure
27	aɪɹ	fire
28	aʊɹ	power

表 5-1 母音＋/ɹ/

く /ɚ/ を用いているのはこれらの母音が2音節と見なされることを反映させるためである。

Exercise 5-1 (r の二重母音・三重母音)

/ɪɹ/	here, dear, peer, sheer, near
/ɛɹ/	fair, care, pair, share, rare
/ɑɹ/	car, far, bar, art, heart
/ɔɹ/	shore, more, nor, fort, norm
/ʊɹ/	cure, pure, tour
/aɪɚ/	fire, tire, dire, desire, umpire
/aʊɚ/	power, flour, tower

これらのうち，/ɑɹ/ は「アー」に近く聞こえ，同様に「アー」に近く聞こえる /ɚ/ や /ɑ/ との区別が難しいことがあるので，ここで区別の練習をしておく。

Comparison 5-1 (/ɑɹ/ と /ɚ/)

/ɑɹ/	/ɚ/
heart	hurt
star	stir
farm	firm
barn	burn
par	purr
far	fur
carve	curve
SARS	sirs

Comparison 5-2 (/ɑ/と/ɑɹ/)

/ɑ/	/ɑɹ/
pot	part
cop	carp
hot	heart
cot	cart
spa	spar
pa	par
ma	mar

5.2　母音＋/ɹ/＋母音

5.2.1　「母音＋/ɹ/」＋母音によるもの

　母音間のｒの大部分は，上記「ｒの二重・三重母音」や「ｒの音色の母音」にさらに母音が続く際に現れるものである。ただし，「母音としてのｒ」(＝[ɚ])の性質の方が強く，はっきりとした「子音としてのｒ」(＝[ɹ])には聞こえないこともある。

Exercise 5-2（ｒの二重母音の場合）

hear /hɪɹ/	hearing /ˈhɪɹɪŋ/	(＝/ˈhɪɚ＋ɪŋ/)
bear /bɛɹ/	bearing /ˈbɛɹɪŋ/	(＝/ˈbɛɚ＋ɪŋ/)
star /stɑɹ/	starring /ˈstɑɹɪŋ/	(＝/ˈstɑɚ＋ɪŋ/)
soar /sɔɹ/	soaring /ˈsɔɹɪŋ/	(＝/ˈsɔɚ＋ɪŋ/)
tour /tʊɹ/	touring /ˈtʊɹɪŋ/	(＝/ˈtʊɚ＋ɪŋ/)

　ｒの二重母音ではなく，「ｒの音色の母音」の後に母音が続いた場合にも同様のことが起こる。ただし，弱母音 /ɚ/ の場合は，母音としての性質よりも子音 /ɹ/ としての性質の方が強く聞こえることがある。すな

わち，/ɚ/ が独立した音節としての性質を失ってしまうということである。

Exercise 5-3 （r の音色の母音の場合）
  stir /stɚ/ stirring /ˈstɚ.ɹɪŋ/ （＝/ˈstɚ＋ɪŋ/）
  offer /ˈɔfɚ/ offering /ˈɔf(ə).ɹɪŋ/ （＝/ˈɔf＋ɹɪŋ～ˈɔfɚ＋ɪŋ/）

 r の三重母音の場合も同様で，付加されている /ɚ/ が音節としての性質を保持しているか失っているのかは微妙なところである。

Exercise 5-4 （r の三重母音の場合）
  fire /faɪɚ/ firing /ˈfaɪ(ə).ɹɪŋ/ （/ˈfaɪɚ＋ɪŋ～ˈfaɪ＋ɹɪŋ/）
  tower /taʊɚ/ towering /ˈtaʊ(ə).ɹɪŋ/（/ˈtaʊɚ＋ɪŋ～ˈtaʊ＋ɹɪŋ/）

5.2.2　その他の母音間の r

 その他にも母音間に /ɹ/ が現れる場合はある。mirror /ˈmɪɹɚ/, merry /ˈmɛɹi/ のような場合がそれで，この場合は /ɹ/ は独立した存在と見なせる。ただし，アメリカ発音ではこれと上記の r の二重母音による /ɹ/ の前の母音は同じで区別はない。

 さらに，/ɹ/ の前の /æ/ が /ɛ/ に中和してしまい，merry＝Mary＝marry となってしまう場合も多い。この発音を採用すれば，「⟨r⟩ の前では ⟨a⟩ も ⟨e⟩ も発音は /ɛ/」と考えてしまうことができるので，/æ/ がうまく発音できない人にも学習上の負担が減るであろう。

Exercise 5-5 （母音間の /ɹ/ による母音の中和）

Sirius /ˈsɪɹiəs/	= serious /ˈsɪɹiəs/		
ferry /ˈfɛɹi/	= fairy /ˈfɛɹi/		
very /ˈvɛɹi/	= vary /ˈvɛɹi/		
merry /ˈmɛɹi/	= Mary /ˈmɛɹi/	= marry /ˈmæɹi/	⇒ ˈmɛɹi/
berry /ˈbɛɹi/		= Barry /ˈbæɹi/	⇒ ˈbɛɹi/
Kerry /ˈkɛɹi/		= carry /ˈkæɹi/	⇒ ˈkɛɹi/
perry /ˈpɛɹi/		= parry /ˈpæɹi/	⇒ ˈpɛɹi/

Exercise 5-6 （以上の母音に関連する語）

/ɪɹ/	per<u>io</u>d, exp<u>e</u>rience, mat<u>e</u>rial, imp<u>e</u>rial
/ɛɹ/	va<u>ria</u>tion, v<u>a</u>rious, p<u>a</u>rent, sc<u>a</u>ry
/ɑɹ/	guit<u>a</u>rist, st<u>a</u>rry
/ɔɹ/	st<u>o</u>ry, h<u>o</u>rrible, w<u>a</u>rrant, qu<u>a</u>rrel
/ʊɹ/	j<u>u</u>ry, l<u>u</u>xurious, p<u>u</u>rity
/aɪɚ/	des<u>i</u>rable, f<u>ie</u>ry, req<u>ui</u>ring
/aʊɚ/	fl<u>ow</u>ery, d<u>ow</u>ry

/l/ と /ɹ/ の区別は，母音間でも日本語話者にとっては難所なので，ここで改めて練習しておく。

Comparison 5-3 （/-ɹ-/ と /-l-/）

/-ɹ-/	/-l-/
correct	collect
arrive	alive
berry	belly
bereave	believe
mirror	miller

5.3 子音結合 (consonant cluster)

英語では音節の冒頭（母音の前）に3つ，音節の末尾（母音の後）に4つまで子音が連続することができる。日本語には基本的に子音連続がないので，日本語話者にとって英語の子音結合の習得は個々の音の調音以上に困難を伴うが，これは滑らかな発音のためには重要な要素である。

5.3.1 音節冒頭の子音結合

5.3.1.1 2子音結合
子音2つの結合は第2要素によって分類するのが適切である。

（1） 第2要素が /ɹ/ のもの

/pɹ, kɹ/ の /ɹ/ は無声の [ɹ̥] である。これは，無声破裂音の気音に相当するものである。/tɹ, dɹ/ については，§5.3.1.3 を参照。

Exercise 5-7 (/ɹ/ を含む連続)

/pɹ/	pride, pray, prawn, prepare
/bɹ/	bright, brown, brilliant, brave
/kɹ/	crowd, crude, crater, crow
/gɹ/	grow, green, grab, groin
/fɹ/	free, fry, friend, front
/θɹ/	throw, throat, three
/ʃɹ/	shrine, shred, shriek, shrink
/tɹ/	tree, trade, trail, trust
/dɹ/	draw, draft, drain, drag

（2） 第2要素が /l/ のもの

/pl, kl/ の /l/ は無声の [l̥] である。これも，無声破裂音の気音に相当するものである。

Exercise 5-8 (/l/ を含む連続)
II-11
/pl/	play, plot, please, plant
/bl/	blow, black, blend, bloom
/kl/	cloud, clear, class, clock
/gl/	glow, glass, globe, glad
/fl/	fly, flap, flame, floor
/sl/	slow, slide, sleep, sly

（3） 第2要素が /j/ のもの

通常のアメリカ発音では，下に挙げたもののうち，/tj, dj, θj, nj/ は /j/ が脱落して子音連続にはならないことも多い。これは，アメリカ発音とイギリス発音の主要な違いの一つである。第6章を参照。/pj, tj, kj/ では /j/ は無声破裂音の気音に相当する無声音になる。/hj/ は融合して [ç] となる。

Exercise 5-9 (/j/ を含む連続)
II-12
/pj/	pure, pupil
/bj/	beauty, butane
/t(j)/	tune, tutor
/d(j)/	dew, dude
/kj/	cute, cube
/gj/	argue, argument
/fj/	fusion, furious
/vj/	view, review
/θ(j)/	enthusiasm, Matthew

/hj/	human, humor
/mj/	music, mutant
/n(j)/	new, numerous

(4) 第2要素が /w/ のもの

　/tw, kw/ では /w/ は無声両唇軟口蓋摩擦音 [ʍ] となる。/hw/ については，/h/ が脱落することもある。§5.3.1.3（5）を参照。

Exercise 5-10 （/w/ を含む連続）

/tw/	twin, twig
/dw/	dwarf, dwell
/kw/	quick, quote
/θw/	thwart, thwack
/sw/	swing, sweat
(/hw/	white, whine)

(5) その他（第1要素は /s/）

Exercise 5-11 （/s/ が第1要素の連続）

/sp/	speak, spin
/st/	stand, step
/sk/	skate, ski
/sf/	sphere, sphinx
/sm/	smile, smoke
/sn/	snow, snore

5.3.1.2　3子音結合

　いずれも /s/＋無声破裂音＋流音/接近音の組み合わせである。ここでは，流音/接近音は無声化しない。

Exercise 5-12 （3子音結合）

/spl/	splash
/spɹ/	spring
/stɹ/	strong
/skɹ/	scratch
/skw/	square
/skj/	skew

5.3.1.3　注意すべき音節冒頭の結合

（1）　/tɹ, dɹ/

ここでの /ɹ/ は半母音ではなく，後部歯茎摩擦音の一種 [ɹ̝] であるため，先行の /t, d/ との連続は破擦音となる。その結果，これらの結合は /tʃ, dʒ/ にやや似た音質を持つ。/ɹ/ を独立させず全体を1つの音のように発音するとよい。なお，/dɹ/ の /ɹ/ は有声音であるが，/tɹ/ の /ɹ/ は /t/ の気音に相当するため無声音である。

Comparison 5-4 （/tɹ/ と /tʃ/）

/tɹ/	/tʃ/
trace	chase
trap	chap
treat	cheat

Comparison 5-5 （/dɹ/ と /dʒ/）

/dɹ/	/dʒ/
drunk	junk
drive	jive
drain	Jane

（2） /pɹ, kɹ, pl, kl, pj, kj, tw, kw/

強母音が後続する場合，第2要素の /ɹ, l, j, w/ は無声化する。これは直前の無声破裂音の気音に相当する。つまり，帯気音というのは直後の接近音を無声化するのである。(/tɹ/ の場合も同様。) 第2要素を無声化させないと，第1要素が有声音であると誤解される可能性がある。うまく無声化させるには，その部分で声を潜めるような感じで発音するとよい。

Exercise 5-13 （無声破裂音＋接近音）
II-18

接近音＝無声	有声	無声	有声
pride	ride	pure	your
crow	row	cue	you
plate	late	twine	wine
cloud	loud	quick	wick

（3） /sp, st, sk, spl, spɹ, stɹ, skɹ, skj, skw/

/s/ が先行すると無声破裂音は無気音になるが，直後に /ɹ, l, j, w/ が続く場合は，これらを無声化しないことがその実現に相当する。つまり前項とは違い3つめの子音 /ɹ, l, j, w/ は本来の有声音として実現する（ただし /stɹ/ の /ɹ/ は摩擦音になる）。

Exercise 5-14 （/s/＋無声破裂音＋接近音）
II-19

接近音＝有声	無声	有声
splash	plash	lash
spray	pray	ray
stray	tray	ray
screw	crew	rue
skew	cue	you
squire	choir	wire

🔘 **Comparison 5-6** (/s/の有無による有声と無声の/ɹ/)
Ⅱ-20

接近音＝無声	有声	有声
/pɹ/	/spɹ/	/bɹ/
pray	spray	bray
/tɹ/	/stɹ/	/dɹ/
train	strain	drain
/kɹ/	/skɹ/	/gɹ/
crew	screw	grew

（4） 子音連続における /l/ と /ɹ/ の対比
　/l, ɹ/ が単独で現れる場合に比べて，音質の違いを示す部分が無声化したり破裂の音に隠されたりするので，聞き分けが難しくなる。

🔘 **Comparison 5-7** (子音連続における/l/と/ɹ/)
Ⅱ-21

/pl/	/pɹ/	/gl/	/gɹ/
play	pray	glow	grow
pleasant	present	glass	grass
plank	prank	glamour	grammar
/bl/	/bɹ/	/fl/	/fɹ/
blue	brew	fly	fry
bleed	breed	flesh	fresh
blush	brush	flea	free
/kl/	/kɹ/		
cloud	crowd		
clash	crash		
climb	crime		

（5） /hw/

/h/ と /w/ を連続したものではなく，[w] を無声にした [ʍ] になる。イギリス発音には /hw/ の連続はなく，単に /w/ となるため，which＝witch，where＝wear である。アメリカでもだんだん /hw/ は /w/ に取って代わられる傾向にあるので，/hw/ [ʍ] がうまく発音できなくて [ɸ] としてしまい，/f/ と混同してしまう人は，かえって /w/ にしてしまう方が誤解の恐れは少ない。

Exercise 5-15 (/w/ vs /hw/)
Ⅱ-22

/w/	/hw/
witch	which
wear	where

Comparison 5-8 (/hw/ と /f/)
Ⅱ-23

/hw/	/f/
whit	fit
wheat	feet
whale	fail
white	fight
where	fare

5.3.2 音節末尾の子音結合

母音の後の子音結合は非常に数が多いため，全てを列挙することはしない。特に注意すべきもののみ以下に挙げる。

5.3.2.1 /ts/

1つの音のように発音する。基本的に語末にのみ現れる。日本語の「ツ」のように，最後に母音をつけてはいけない。

Exercise 5-16 (/ts/)
Ⅱ-24

/ts/　cats, meets, eats, roots

5.3.2.2　/dz/

日本語のザ行子音の主要な異音と同じだが，語末にしか現れない点が異なる。日本語話者にとっては /z/ と /dz/ の区別は困難だが，語末では無声化しがちなため，/s/ と /ts/ の区別に置き換えて考えればよいことが多い。

Comparison 5-9 (/dz/ と /z/)
Ⅱ-25

/dz/	/z/
cards	cars
seeds	sees
moods	moos
wards	wars
raids	raise
sides	size

5.3.2.3　/tθ, dθ/

後続の /θ/ の影響で /t, d/ は歯音（厳密に表記すれば [t̪, d̪]）となり，全体は破擦音となる。/dθ/ の /d/ は無声化することも多く，その場合両者は同じ [t̪θ] となる。破擦音なので，1つの音として，「トゥ」のように発音する。「トゥス」「ドゥス」ではない。

Exercise 5-17 (/tθ, dθ/)
Ⅱ-26

/tθ/　eighth

/dθ/　breadth, width, hundredth, thousandth

5.3.3 その他の注意すべき子音結合

（1） /pt, kt; bd, gd/

英語では破裂音が連続する場合，1つめの閉鎖が解除される前に次の閉鎖が起こるため，1つめの破裂音は破裂せず，無声音の場合は事実上聞こえない。ただし子音が連続しない場合と比べて直前の母音は子音がある分だけ短くなり，また母音は直後の子音により微妙に音質が変わるため，/t, pt, kt; d, bd, gd/ の聞き分けは可能である。1つめの子音を飲み込むような感じで発音するとよい。

Exercise 5-18 （破裂音の連続）

II-27

/pt/	/kt/	/t/
nipped	nicked	knit
apt	act	at
harped	harked	heart
	/-ktʃ-/	/-tʃ-/
	picture	pitcher
/bd/	/gd/	/d/
ribbed	rigged	rid

（2） /ns, nʃ/

日本語話者は子音の前の /n/ を「ン」と見なしがちだが，英語の /n/ はあくまでも歯茎鼻音である。/s, ʃ/ の前では特に注意を要する。日本語ではサ行の前の「ン」は鼻母音であり，舌先は全く歯茎に触れないからである。この時，/n/ の後に [t] を挿入して /nts, ntʃ/ のようにすると，確実に /n/ を歯茎鼻音にすることができる。英米人も [t] を挿入することは多い。これは次の図式で示すように，調音動作にずれが生じやすいからである。

	n	t	s/ʃ
調音位置	閉鎖	→	狭い隙間
鼻腔への通路	開放		閉鎖
声帯	振動		静止

図 5-1　/t/の挿入

Comparison 5-10 (/ns/と/nts/, /nʃ/と/ntʃ/)

II-28

/ns/	/nts/	/nʃ/	/ntʃ/
sense	cents	mansion	luncheon
prince	prints		

（3）　/tn, dn, pm, bm/

　破裂音の後に調音位置の同じ（同器官的な homorganic）鼻音が続く場合，破裂音は口腔内では破裂せず，調音位置の閉鎖を保ったまま咽頭から鼻腔への通路を遮断している軟口蓋を下げて鼻腔内に向けて破裂を行なう。これを**鼻腔解放**（nasal　release）または**鼻腔破裂**（nasal plosion）と呼ぶ。調音動作を図式で示すと以下のようになる。

	t/d	n
調音位置	閉鎖	
鼻腔への通路	閉鎖	開放
声帯	静止/振動	振動

	b/p	m
調音位置	閉鎖	
鼻腔への通路	閉鎖	開放
声帯	静止/振動	振動

図 5-2　鼻腔破裂

Exercise 5-19 (鼻腔破裂)

/tn/　flatness, lightning; cotton, button
/dn/　midnight, sadness; garden, broaden
/pm/　topmost
/bm/　submarine

（4）　/tl, dl, nl/

　/l/ の前に同じ歯茎を調音位置とする破裂音・鼻音がある場合，舌先は上歯茎に密着させたまま舌の側面のみを歯茎から離すことによって破裂音・鼻音から /l/ に移る。これを**側面解放**（lateral release）または**側面破裂**（lateral plosion）と呼ぶ。調音動作を図式で示すと以下のようになる。

	t/d	l
舌先	閉鎖	
舌の脇の縁	閉鎖	開放
鼻腔への通路	閉鎖	
声帯	静止/振動	振動

	n	l
舌先	閉鎖	
舌の脇の縁	閉鎖	開放
鼻腔への通路	開放	閉鎖
声帯	振動	

図 5-3　側面解放

Exercise 5-20 (側面解放)

atlas, butler; little, gentle; sadly, fiddler; middle, candle; lonely, sunlight; channel, tunnel

※側面解放に関する補足
- [t, d, n] は，舌先だけではなく，舌の脇と上の歯茎も接触している。
- [s, z] は，舌の脇と上の歯茎は密着していて，舌先の部分だけが上歯茎にくっつかずに狭い隙間を作っている。よって，[s, z] と [l] は空気の通り道が裏返しである。前者では中央だけを通り，後者で

- /-tl-, -dl-/ を /-tɹ-, -dɹ-/ と混同しないこと。後が /l/ の時は，/t, d/ は息をいったんつめるような感じになり，/-tɹ-, -dɹ-/ の場合は全体が破擦音になる。
- 語末の場合，/l/ が「オ」か「ウ」のつもりで発音するとよい。例えば，channel は「チャノー」のように言う。
- 語末の /tl, dl/ の中の /t, d/ は，母音間と同様 [ɾ] になることが多い。すると，little は「リロー」，middle は「ミロー」のように聞こえる。

(5) /-nt-/

/t/ が「有声の t」になる音声環境（＝直後が弱母音）では，直前に /n/ がある場合，/nt/ が合体して鼻音化した歯茎弾音 [ɾ̃] となる。音の印象としては /t/ が消失した感じになる。

Comparison 5-11 (/-nt-/[ɾ̃] と /-n-/[n])

/-nt-/ [ɾ̃]	/-n-/ [n]
winter	winner
painting	paining

5.4　単語間の連結

　子音で終わる語の直後に母音で始まる語が続く時の発音には注意が必要である。書き言葉のうえでの単語の間隔に気をとられず，続けて発音しなければならない。特に注意をしなければならないのは，語末が /n, ɹ（＝ɚ）, l/ の場合である。

　/n/ で終わる語の場合，この /n/ を日本語の「ン」で代用してはならない。日本語の「ン」は，母音の前では，鼻母音という，[n] とは似ても似つかぬ音になるからである。あくまでも舌先を上の歯茎につけ次

の語が「ナ行」の音で始まるつもりで発音するとよい。

/ɹ (=ɚ)/ で終わる語の場合,「ア」のような音で終わらせている日本人学習者が多いと思われるが, きちんと /ɹ (=ɚ)/ で終わらせているなら, 後に母音が続くと自然に「ラ行」に似た音が出るはずである。そうでない場合でも次の語がラ行子音で始まるつもりで発音するべきである（もちろん, /l/ との区別はきちんとつけること）。

/l/ で終わる語の場合, 正しく発音しているならば, その語は「ウ」や「オ」のような響きの音で終わっているはずである。ここでも, 次に母音が続く場合には「ラ行子音」が復活するように発音する必要がある。

無声破裂音で終わる語の場合, 注意したいのは, たとえ後続の語の母音が強母音であっても, 帯気音にしてはならないということである。これが, 語の切れ目と語中の違いとなっているからである。

また /t/ の場合, 語中では弾音になるのは後の母音が弱母音である場合だけだったが, 単語間の場合は, 後の母音が強母音でも弾音になる。

Exercise 5-21 （単語間の音連続）

/-n/　remain in England; once upon a time; in 1888; in an hour

/-ɹ (=ɚ)/　before eight o'clock; Over a hundred books are stored.

/-l/　I feel interested in that topic.; These oranges sell at one dollar apiece.

/-p, -k/　keep off; Look at that.

/-t/　Get out of here.; I ate an apple pie yesterday.

6 イギリス発音

　日本で一般にイギリス発音と呼ばれるものは，英語音声学の世界では**容認発音**（Received Pronunciation，**RP**）あるいは **BBC 発音**と呼ばれ，教育のある人々が用いる社会階層的な方言である。使用人口はイングランドの住民の 5 ％程度に過ぎないが，全国的に通用する発音である。本章では，これと，ここまで扱ってきたアメリカ発音との違いについて簡単に論じる。違いは主に母音の発音で，対応関係に 1 対 1 ではない複雑なものがあるが，まずは子音の違いから簡単に触れ，その後で母音の対応を見ることにする。

6.1 子音の対応関係

6.1.1 /hw/

　単独の子音には，特にアメリカ発音とイギリス発音の違いはない。わずかに，/hw/ という子音結合がイギリス発音にはなく，/w/ になってしまうという点が違うだけである。（ただし，アメリカでも /h/ のない /w/ はよく聞かれる。）

Comparison 6-1（米音の /hw/ と英音の /w/）

	米音	英音
when	/hwɛn～wɛn/	/wen/
which	/hwɪtʃ～wɪtʃ/	/wɪtʃ/（＝witch）
where	/hwɛɹ～wɛɹ/	/weə, wɛ/（＝wear）
white	/hwaɪt～waɪt/	/waɪt/（＝Wight）
whale	/hweɪl～weɪl/	/weɪl/（＝wail）

6.1.2 子音の後の /j/

アメリカ発音では /j/ が脱落した /tj, dj, θj, nj/ は，イギリス発音では /j/ が脱落せず子音連続をなす。また，/tj, dj/ に関しては，子音が融合して /tʃ, dʒ/ となることも多い。

Listening 6-1（子音＋/j/）

/tj/　tune
/dj/　dew
/θj/　enthusiasm
/nj/　new
/tʃ/　tube
/dʒ/　during

※例語は変えてあるが，tune, tube の両方とも /tj, tʃ/ での発音があり得る。同様に，dew, during の両方とも /dj, dʒ/ があり得る。

6.1.3 その他

Asian 米音 /ˈeɪʒən/ vs 英音 /ˈeɪʃən/，schedule 米音 /ˈskɛdʒul/ vs 英音 /ˈʃedʒul/ などの違いがあるが，これは音素の体系的対応というわけではなく，個別的な音素の出現の違いである。

Comparison 6-2 （米音と英音で個別的に発音の違う単語の例）

	米音	英音
Asian	/ˈeɪʒən/	/ˈeɪʃən/
schedule	/ˈskɛdʒul/	/ˈʃedʒul/
figure	/ˈfɪgjɚ/	/ˈfɪgə/
leisure	/ˈliʒɚ/	/ˈleʒə/
tomato	/təˈmeɪtoʊ/	/təˈmɑtəʊ/
progress(n)	/ˈprɑgrəs/	/ˈprəʊˌgres/
either	/ˈiðɚ/	/ˈaɪðə/

Comparison 6-3

No.	米音	例語	英音	No.	米音	例語	英音
1	ɪ	bit	ɪ	19	ɚ	letter	ə
2	ɛ	bet	e	20	i	city	i
3	æ	bat	æ			previous	
		ask	ɑ	21	u	virtue	u
4	ʌ	but	ʌ			usual	
5	ʊ	foot	ʊ	22	ɪɹ	here	ɪə
6	i	beat	i	23	ɛɹ	fair	eə, ɛ
7	ɑ	pot	ɒ	24	ɑɹ	car	ɑ
		father	ɑ	25	ɔɹ	shore	ɔ
8	ɔ	caught	ɔ	26	ʊɹ	cure	ʊə
		fog	ɒ	27	aɪɚ	fire	aɪə, aɚ
9	u	root	u	28	aʊɚ	power	aʊə, aɚ
10	ɚ	bird	ɜ	10a	-ɚ-	furry	-ɜɹ-
11	eɪ	bait	eɪ	19a	-(ɚ)ɹ-	bakery	-əɹ-
12	aɪ	bite	aɪ	22a	-ɪɹ-	serious	-ɪəɹ-
13	ɔɪ	noise	ɔɪ	1a		spirit	-ɪɹ-
14	oʊ	boat	əʊ	23a	-ɛɹ-	various	-eəɹ-, -ɛɹ-
15	aʊ	shout	aʊ	2a		ferry	-eɹ-
16	ə	about	ə	26a	-ʊɹ-	luxurious	-ʊəɹ-
17	ɪ	habit	ɪ	27a	-aɪ(ɚ)ɹ-	fiery	-aɪəɹ-, -aəɹ-
18	ʊ	today	ʊ	28a	-aʊ(ɚ)ɹ-	flowery	-aʊəɹ-, -aəɹ-

表 6-1 米音と英音の母音の対応関係

6.2 母音の対応関係

アメリカ発音とイギリス発音の母音の対応関係を表6-1に示す。アメリカ発音で同じ音であるものがイギリス発音では別々の母音に分かれる例（3, 7, 8）と，逆にアメリカ発音では違う音であるものがイギリス発音では同じになる例（3のaskと7のfatherと24のcar, 8のcaughtと25のshore, 7のpotと8のfog）があり，対応は複雑である。英音の23, 23a, 27, 28にはそれぞれ2つの表記を示しているが，後の方が最近の傾向である。

なお，表6-1で同じ記号で表記されていても音質がかなり異なる場合と，逆に違う記号で表記されていても音質はかなり似ている場合とがあるので注意したい。そのような例を次に示す。

Comparison 6-4（米音と英音：同じ記号で違う音）
II-37

		米音	英音	
3	bat	/bæt/	/bæt/	イギリス発音の方が低い。
4	but	/bʌt/	/bʌt/	イギリス発音の方が前寄り。
8	caught	/kɔt/	/kɔt/	イギリス発音の方がはるかに高く，日本語の「オ」とほぼ同じ。

Comparison 6-5（米音と英音：違う記号で同じ音）
II-38

米音		英音		
3	can /kæn/	23	cairn	/keən/
14	boat /boʊt/	8, 25	bought	/bɔt/

6.3 連結の r と割り込みの r

単語が /ɪə, ɛə, ʊə, ə, ɑ, ɔ/ の母音で終わるとき，次の単語が母音で始まっている場合に /ɹ/ が挿入される。この現象を「**連結の r** (linking r)」と呼ぶ。元来はつづり字に r が入っている場合にのみ起こるものであり，イギリスにおける発音の歴史の中で消えた r の復活と考えられる。しかし，近年では綴り字に r が入っていない場合にもごく普通に聞かれる現象になった。これを「**割り込みの r** (intrusive r)」と呼ぶ。我々学習者としては聞く際に注意しておく必要がある。[1]

これら 2 つの現象は，どちらもアメリカ発音では起こらない。

Listening 6-2 (連結の r)
II-39
never again, a car and some trucks, before eleven o'clock

Listening 6-3 (割り込みの r)
II-40
China and Japan, idea of it, law and order

---

1 この現象は語中でさえ起こることがあり，draw/dɹɔ/の-ing 形 drawing が /dɹɔɹɪŋ/ と発音されることさえあるという。

7　英語辞典に見られる発音表記——比較のためのワークシート

　個別の音の発音をいくら習得しても，それを実際の語や発話の中で使えなければ意味がない。そのためには，次章で扱うような綴り字と発音の関係を知っておくのが最も効率がよいが，法則に対する例外もあるため，辞書で調べるというのが最も確実である。しかし，多くの辞書は発音表記のためのスペースを節約しようとしていたり，アメリカ音とイギリス音を同時に示そうとしているために表記上の約束事が複雑で，その正しい読み方を知っている人は少ないと思われる。

　このため以下に，本書で用いている表記と，読者が用いている英語辞典の発音表記の対応を調べるためのワークシートを用意した。示されている単語の発音表記を各自の辞書で調べ，これにより自分の用いている英語辞書の発音表記の読み方を知り，正しい発音を覚えるのに役立ててほしい。

No.	米音	英音	例語	あなたの辞書でのこの語の表記	該当する母音部分の表記
1	ɪ	ɪ	bit		
2	ɛ	e	bet		
3	æ	æ	bat		
		ɑ	ask		

No.	米音	英音	例語	あなたの辞書でのこの語の表記	該当する母音部分の表記
4	ʌ	ʌ	but		
5	ʊ	ʊ	foot		
6	i	i	beat		
7	ɑ	ɒ	pot		
		ɑ	father		
8	ɔ	ɔ	caught		
		ɒ	fog		
9	u	u	root		
10	ɚ	ɜ	bird		
11	eɪ	eɪ	bait		
12	aɪ	aɪ	bite		
13	ɔɪ	ɔɪ	noise		
14	oʊ	əʊ	boat		
15	aʊ	aʊ	shout		
16	ə	ə	about		
17	ɪ	ɪ	habit		
18	ʊ	ʊ	today		
19	ɚ	ə	letter		
20	i	i	city		
			previous		

No.	米音	英音	例語	あなたの辞書でのこの語の表記	該当する母音部分の表記
21	u	u	virt<u>u</u>e <u>u</u>sual		
22	ɪr	ɪə	h<u>e</u>re		
23	ɛr	eə, ɛ	f<u>ai</u>r		
24	ɑr	ɑ	c<u>a</u>r		
25	ɔr	ɔ	sh<u>o</u>re		
26	ʊr	ʊə	c<u>u</u>re		
27	aʊr	aʊə, ɑə	p<u>ow</u>er		
28	aɪr	aɪə, aə	f<u>i</u>re		
10 a	-ɚ-	-ɜr-	f<u>u</u>rry		
19 a	-(ə)r-	-re-	bak<u>e</u>ry		
22 a	-ɪr-	-rɪə-	s<u>e</u>rious		
1 a		-ɪr-	sp<u>i</u>rit		
23 a	-ɛr-	-eɚ-, -rɛə-	v<u>a</u>rious		
2 a		-eɪ-	f<u>e</u>rry		
26 a	-ʊr-	-ʊəɚ-	lux<u>u</u>rious		
27 a	-r(ˣ)ɪr-	-aɪəɚ-, -reə-	f<u>i</u>ery		
28 a	-aʊ(ə)r-	-aʊəɚ-, -reə-	fl<u>ow</u>ery		

なお，子音記号に関しては，IPA を使わない辞書でもほぼ一対一対応をしているため，ワークシートは省略した。

8　英語の綴り字と発音

　本章では，第7章の冒頭で触れた，英語の綴り字と発音の関係を紹介する。

　あらかじめ断っておかなければならないが，英語の綴り字と発音の関係の複雑さと例外の多さは悪名高い。以下に示す法則に対する例外を，読者は自分の知っている単語の中から容易に思い浮かべることができるだろう。

　これは，基本的でよく使われるものの中には不規則な性質を持ったものが多いという，言語一般に見られる現象の一環である。難しい，使われる頻度の低い単語ほど法則に従うため，以下に紹介する規則は，英語の勉強が進み，語彙力がつけばつくほど，新しい単語に出会った際にその発音を予測するのに役立つようになるはずである。その意味で，規則はあまり深追いせず，基本的なものに絞った。

　さらに断っておかなければならないのは，以下で示す法則がうまく機能するためには，語アクセント（→§11.2）がどのようなパターンになるかがあらかじめわかっている必要があること，そして母音字については強母音として読まれる発音のみを示しているということである。英語の語アクセントのパターンを予測するのは非常に困難なため，事実上ここでは辞書に頼らざるを得ない。そうでなければ第1アクセントを担う母音字を勘に頼って予測するしかない。（ただし，完全に不規則というわけではないので，数をこなすことで，ある程度この「勘」を養うことは不可能ではない。）

しかし逆にいえば，語アクセントのパターンを覚えておけば，ある単語の発音を仮に忘れても思い出すのは容易であるということでもある。さらには，英語には単音節語が多いため，これらの語に関しては，規則のこの面での限界はもともと関係ない。また，弱母音の発音は厳密である必要がないため，この面が予測できないことは大した問題とはならない。

このようなことを頭に置いて，以下で紹介する規則を見てもらいたい。

8.1　子音字の発音

8.1.1　単子音字

以下の単子音字は，規則的には次のような子音音素に対応する。

文字	発音	例語	文字	発音	例語
⟨b⟩	/b/	big	⟨s⟩	/s/	say
⟨d⟩	/d/	sad	⟨t⟩	/t/	ten
⟨f⟩	/f/	fat	⟨v⟩	/v/	vase
⟨h⟩	/h/	hut	⟨x⟩	/ks/	fox
⟨j⟩	/dʒ/	jam	⟨z⟩	/z/	zoo
⟨k⟩	/k/	milk			
⟨l⟩	/l/	live			
⟨m⟩	/m/	man	⟨r⟩	/ɹ/	run
⟨n⟩	/n/	now	⟨w⟩	/w/	way
⟨p⟩	/p/	pen	⟨y⟩	/j/	year

※以下の3文字に関しては，母音字の前に限る。(母音字の後では，二重母音字などの一部をなすため。)

上記の同じ子音字が2つ連続する「重子音字」も，発音は同じである。ただし，⟨h, j, x, w, y⟩ に関しては重子音字は存在しない。

8.1.2 二重子音字・三重子音字

以下の二重子音字・三重子音字は，規則的には次のような子音音素に対応する。

文字	発音	例語
⟨ch⟩	/tʃ/	child
⟨ck⟩	/k/	luck
⟨dg⟩	/dʒ/	judge
⟨dj⟩	/dʒ/	adjust
⟨ng⟩	/ŋ/	king(語末の場合のみ。詳しくは§4.2.5.4を参照。)
⟨ph⟩	/f/	photo
⟨qu⟩	/kw/	quit
⟨sh⟩	/ʃ/	fish
⟨tch⟩	/tʃ/	watch
⟨th⟩	/θ/	third

※母音間では weather のように /ð/ も多い。また the, this など機能語 (→§11.3.1) でも /ð/ が多い。

⟨wh⟩	/(h)w/	when

8.1.3 発音しない子音字

【語頭】

⟨kn-⟩ の ⟨k⟩： know, knife
⟨gn-⟩ の ⟨g⟩： gnaw, gnash
⟨wr-⟩ の ⟨w⟩： write, wrong

【語末】

⟨-mb⟩ の ⟨b⟩： bomb, climb
⟨-mn⟩ の ⟨n⟩： autumn, hymn
⟨-gn⟩ の ⟨g⟩： sign, foreign
⟨-bt⟩ の ⟨b⟩： doubt, debt
⟨-ght⟩ の ⟨gh⟩： right, taught

8.1.4 ⟨c⟩ と ⟨g⟩

⟨c⟩ は，⟨a, o, u⟩ の前，子音字の前，または語末では /k/ で発音される。⟨e, i, y⟩ の前では /s/ で発音される。前者の発音を「硬音の c」(hard c)，後者の発音を「軟音の c」(soft c) と呼ぶ。事実上，この規則には例外はない。硬音の例としては cap, cope, cute, act, basic など，軟音の例としては cent, deficit, cycle などが挙げられる。数少ない例外としては Celt /kɛlt～sɛlt/（およびその派生語）がある。

⟨g⟩ にも ⟨c⟩ と同様の規則があり，⟨a, o, u⟩ の前，子音字の前，または語末では /g/ で発音される。⟨e, i, y⟩ の前では /dʒ/ で発音される。前者の発音を「硬音の g」(hard g)，後者の発音を「軟音の g」(soft g) と呼ぶ。硬音の例としては gain, goat, gut, grow, bag, 軟音の例としては gesture, giant, gym が挙げられる。

⟨c⟩ の場合と違い，⟨g⟩ には「軟音」が現れるはずの綴り字で「硬音」が現れる例が主に基本語に多い点に注意が必要である。get, gear, gift, give, girl など。

8.2 母音字の発音

8.2.1 単母音字の基本的な 2 つの読み方

単母音字には「短音」「長音」という 2 つの読み方がある。⟨i⟩ と全く同じになる ⟨y⟩ の場合を除き，「長音」の読み方はその文字の名称と同じである。

文字	短音/	例語	長音/	例語
⟨a⟩	/æ/	mat, matter	/eɪ/	mate
⟨e⟩	/ɛ/	pet, better	/i/	Pete
⟨i⟩	/ɪ/	kit, bitter	/aɪ/	kite

⟨o⟩	/ɑ/	hop, hopping	/oʊ/	hope
⟨u⟩	/ʌ/	cut, butter	/ju/	cute
⟨y⟩	/ɪ/	gym	/aɪ/	style

　例語が示しているように，単母音字を「短音」として読むのは，その文字の後に（⟨r, w, y⟩以外の）子音字が１つ（以上）あって語が終わっている場合と，語中では母音字の後に重子音字（同じ子音字が２つ連続しているもの）がある場合である。

　「長音」として読むのは，その文字の後に子音字が１つあり，さらに⟨e⟩が続いて語が終わっている場合である（英語では語末の⟨e⟩は発音されないのが原則）。

　これ以外の位置，例えば語中で単母音字の後に子音字が１つ続き，さらにその後に母音字がある場合には「短音」「長音」のどちらと予測することはできない。が，見方を変えれば，そのどちらかに絞ることができるとも言える。英語を母語として用いる人が辞書で発音を調べる場合，この「短音」か「長音」かということを調べているのが普通である。

　このような発音を辞書で調べた場合，発音記号を書くのではなく，「長音」であれば ⟨¯⟩（macron /ˈmeɪˌkɹɑn/ 長音符）を，「短音」であれば ⟨˘⟩（breve /bɹiv/ 短音符）を，当該の母音字の上に書き込むとよい。例えば，prŏcess, pēnalize のように。これは単語の発音を覚えるうえで有効な学習方法である。

　なお，⟨o⟩ に関しては，「短音」の条件を満たしていても，後続子音が /f, θ, s, g, ŋ/ の場合には /ɑ/ ではなく /ɔ/ となるという法則がある。例としては off, cloth, loss, dog, song など。このような ⟨o⟩ に関しては，上に ⟨^⟩ を書き込んで，例えば，dôg のようにして判別してもよい。しかし，§3.2.1.6 で述べたように，アメリカでは /ɑ/ と /ɔ/ を区別しない人が増加の一途なので，この点はそれほど注意する必要はないかもしれない。また §3.2.1.5 で述べた，⟨m, n, v⟩ などの隣で /ʌ/ と発音される場合がある（例：son）という例外もある。

8.2.2 二重母音字

異なる母音字が2つ連なった二重母音字にも基本的な読み方がある。ただし，単母音字の場合と異なり，⟨ea⟩, ⟨oo⟩のように2つ以上の読み方がある場合，後続の綴り字などによってそのなかのどれが用いられるのかを予測することはできない。

文字	発音	例語	参考
⟨ea⟩	/ɛ/	bread, head	(= ⟨ĕ⟩)
	/i/	tea, weak	(= ⟨ē⟩)
⟨ee⟩	/i/	week, need	(= ⟨ē⟩)
⟨ie⟩（語中）	/i/	field	
⟨ai⟩=⟨ay⟩	/eɪ/	rain, day	(= ⟨ā⟩)
⟨ei⟩=⟨ey⟩	/eɪ/	rein, hey	(= ⟨ā⟩)
⟨oi⟩=⟨oy⟩	/ɔɪ/	boil, boy	
⟨au⟩=⟨aw⟩	/ɔ/	cause, law	
⟨eu⟩=⟨ew⟩	/ju/	feud, mew	(= ⟨ū⟩)
⟨ou⟩	/aʊ/	foul, out, round	

※ ⟨gh⟩が後続する場合は様々な音に読まれる。また soup /u/, country /ʌ/ も例外的だが，「ローマ字読み」の /oʊ/ は soul, shoulder の2語だけで，例外中の例外。

⟨ow⟩	/aʊ/	now, how, allow	
	/oʊ/	snow, know, grow	
⟨oa⟩	/oʊ/	boat, cocoa	(= ⟨ō⟩)
⟨oo⟩	/ʊ/	look, foot, wool	
	/u/	pool, food	

二重母音字でも，短母音として発音される場合（⟨ea⟩=/ɛ/, ⟨oo⟩=/ʊ/）には breve，長母音として発音される場合（⟨ea⟩=/i/,

⟨oo⟩＝/u/）は macron を識別符号として用いれば学習上役に立つであろう。

8.2.3　単母音字＋r

母音字に⟨r⟩が続く場合は，他の子音字が続く場合と異なり，母音字と⟨r⟩が一体となって /ɚ/ や r の二重母音・三重母音として発音される。これにも「短音」と「長音」の区別があると考えることができる。

文字	短音/	例語	長音/	例語
⟨ar⟩	/ɑɹ/	car, farm	/ɛɹ/	care
⟨er⟩	/ɚ/	fern	/ɪɹ/	here
⟨ir⟩	/ɚ/	stir, bird	/aɪɚ/	fire
⟨ur⟩	/ɚ/	fur, turn	/jʊɹ/	cure
⟨or⟩	/ɔɹ/	nor, sort	/ɔɹ/	more

　注意すべきなのは，⟨er, ir, ur⟩の「短音」が全て同じ発音である点である。特に⟨ir⟩に関して，学習者が馴染みのない単語であたかも⟨er⟩の「長音」のように誤って発音する例を聞くことが多いので，注意したい。なお，⟨or⟩は「短音」と「長音」の区別はない。また，rの後が e で終わらず別の母音字が続いた場合は「長音」が普通である（例：various, experience, desirable）。

8.2.4　二重母音字＋r

　二重母音字に⟨r⟩が後続した場合も，基本的な読み方がある。しかし，⟨r⟩が後続しない場合と同様，2つ以上の読み方がある場合，後続の綴り字などによってそのなかのどれが用いられるのかを予測することはできないため，一つ一つ覚える必要がある。

文字	発音	例語	参考
⟨air⟩	/ɛɹ/	pair, stair	(= ⟨ār⟩)
⟨eir⟩	/ɛɹ/	their, heir	(= ⟨ār⟩)
⟨ear⟩	/ɚ/	earth, heard	(= ⟨ĕr⟩)
	/ɪɹ/	hear, appear	(= ⟨ēr⟩)
⟨eer⟩	/ɪɹ/	deer, steer	(= ⟨ēr⟩)
⟨ier⟩	/ɪɹ/	pier, tier	(= ⟨ēr⟩)
⟨oar⟩	/ɔɹ/	soar, board	(= ⟨or⟩)
⟨oor⟩	/ʊɹ/	poor, moor	
⟨our⟩	/aʊɚ/	sour, flour	
⟨ower⟩	/aʊɚ/	power, flower	

8.2.5 /w/ の後の母音字

一部の例外を除き，⟨w, wh, qu⟩（発音はそれぞれ /w, (h)w, kw/）の後の母音字の「短音」は，⟨a⟩ → ⟨o⟩，⟨o⟩ → ⟨u⟩ として発音される。

文字	発音	例語
⟨ă⟩ → ⟨ŏ⟩	/ɑ/	wander, what, quality

※ what には /(h)wʌt/ という発音もあり，アメリカではその方が多数派である。

文字	発音	例語
⟨ŏ⟩ → ⟨ŭ⟩	/ʌ/	wonder, won
⟨ăr⟩ → ⟨ŏr⟩	/ɔɹ/	warm, wharf, quarter, quarrel
⟨ŏr⟩ → ⟨ŭr⟩	/ɚ/	worm, word, worry

8.2.6 /j/ の脱落

⟨ch, j, l, r, s⟩ の後では，⟨ū⟩=⟨eu⟩=⟨ew⟩ /ju/ は，/j/ が脱落して /u/ と発音される。

⟨ch⟩	chew /tʃu/
⟨j⟩	Jute /dʒut/, jewel /ˈdʒuəl/
⟨l⟩	blew /blu/, revolution /ˌɹɛvəˈluʃən/
⟨r⟩	threw /θɹu/, Andrew /ˈændɹu/
⟨s⟩	sewage /ˈsuɪdʒ/, supermarket /ˈsupɚˌmɑɹkət/

これは，子音連続中の /j/ の脱落が定着した例である。§5.3.1.1(3) で述べたように，アメリカ発音では /tj, dj, θj, nj/ の /j/ も脱落する傾向にあるが，まだ完全に定着したと見ることはできないので，ここには含めなかった。

9 音節とモーラ

9.1 音節

　音節については，§1.6.2で「母音を中心に前後に子音を伴う単位」と簡単に触れたが，本章ではもう少し詳しく音節について取り扱う。その理由は，この次の第10,

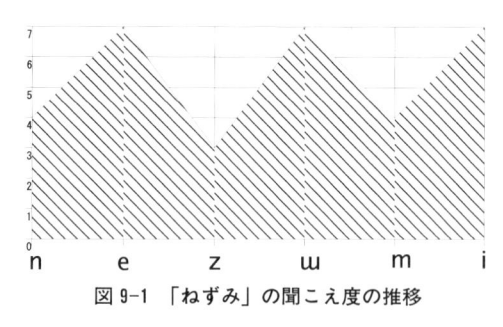

図9-1　「ねずみ」の聞こえ度の推移

11章で扱われる「プロソディー」は，基本的に音節を単位として起こる音声現象だからである。

　まず「母音を中心に前後に子音」ということに関して説明が必要であろう。母音が中心となるのは，そのまとまりの中でもっとも響きが大きいためである。その「響き」の尺度は，それぞれの音が一定のエネルギーで発音されたときに，それがどれくらい遠くまで聞こえるかということにより決まり，**聞こえ度**（sonority）と呼ばれる。

　一般論として，調音の際の空気の通路が広ければ広いほど聞こえ度は高くなる。母音が子音よりも聞こえ度が高いのはそのためであるが，母音の中でも空気の通路の広い低母音は，通路が狭い高母音よりも聞こえ度は大きくなる。子音の中でも空気の通路の広さによって聞こえ度に違

いが出てくる。英語の様々な音の聞こえ度を，次に，小さな順に並べてみた。（なお，母音の間の聞こえ度の違いはここでは無視した。）

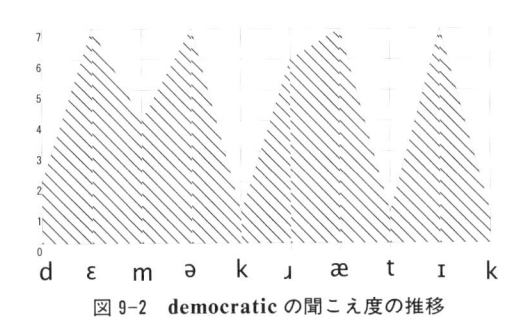

図 9-2　**democratic** の聞こえ度の推移

1. 無声阻害音
2. 有声破裂音
3. 有声摩擦音・破擦音
4. 鼻音 /m, n, ŋ/
5. 側面接近音 /l/
6. 半母音 /w, j, ɹ/
7. 母音

　このような説明をしたところで，日本語に関する限り，音節の基本構造が/CV/であるから，「母音が中心となる」という音節の特徴付けに変化はない。しかし，もっと複雑な音節構造を持つ英語では，子音間の聞こえ度の違いが意味を持つ場合がある。すなわち，聞こえ度の高い子音（鼻音・流音）が前後に聞こえ度の小さい子音を伴ったり，直前に聞こえ度の低い音がある子音が語末に現れることがある。そのような場合，この子音が聞こえ度のピークをなし，音節の中心になることになる。これを**音節主音的子音ないし成**

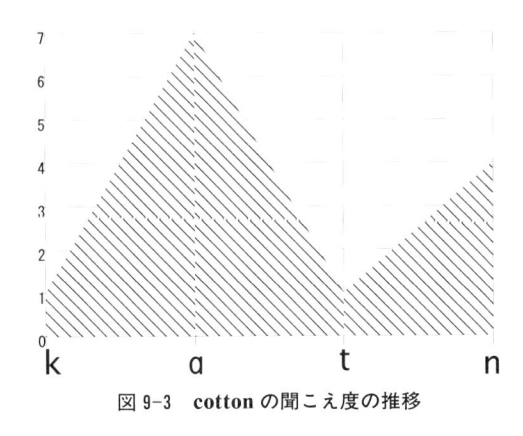

図 9-3　**cotton** の聞こえ度の推移

節子音（syllabic consonant）と呼ぶ(記号の下に[ˌ]を付けて表わす)。

具体的には，cotton /ˈkɑtn̩/ の聞こえ度の推移は 1-7-1-3 で，最後の /n/ の部分もピークをなすため，/n/ は音節主音的子音となり，母音を１つしか含まないにもかかわらず，この語は２音節からなることがわかる。prizm /ˈpɹɪzm̩/ は 1-6-7-3-4 であり，/m/ が音節主音的子音で，やはり２音節語である。音節主音的子音は語末に起こることが多いが，subtlety /ˈsʌtl̩ti/ (1-7-1-5-1-7) の /l/ のように，語中に起こることもある。

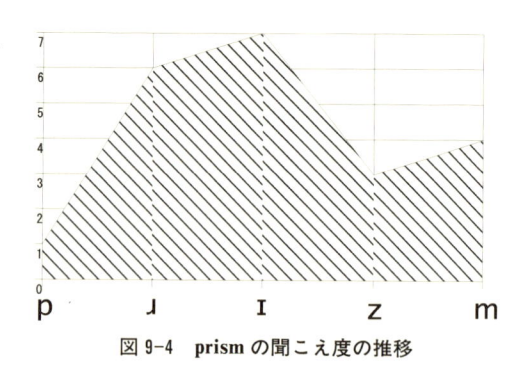

図 9-4　prism の聞こえ度の推移

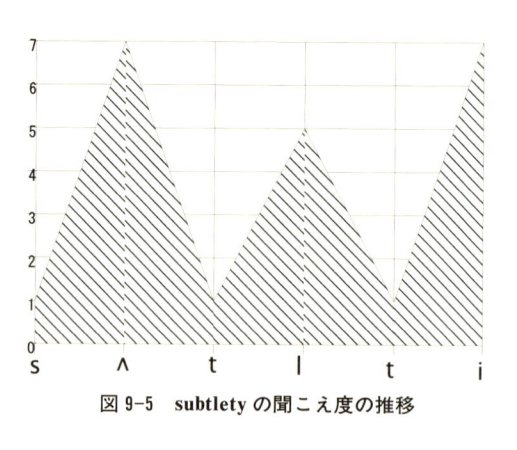

図 9-5　subtlety の聞こえ度の推移

9.2　モーラ

「モーラ」は，本書に関する限り，英語よりはむしろ日本語に関連した概念である。ここであえてこの概念を取り上げるのは，日本語の日常語として使われている「音節」という言葉が実はこの「モーラ」を指しているため，そこから生じる混乱を避けるためである。

「モーラ」とは，音節よりも小さな単位で，音節の長さ（**音節量** syllable weight とも呼ぶ）の単位である。第 2 章で日本語の音素を紹介したが，その中に「特殊モーラ」として /H, J, Q, N/ があった。日本語の音節は /CV/ が基本だが，その後にこれら「特殊モーラ」の音素が続いた場合，音節は「長く」なるのである。しかし，1 音節であることには変わりがない。

　例えば，「藻」/mo/ と「もう」/moH/ は同じ 1 音節だが，/mo/ の方は**短音節**（short syllable）ないし**軽音節**（light syllable），/moH/ の方は 2 モーラで**長音節**（long syllable）ないし**重音節**（heavy syllable）と呼ばれる。日本語の日常語では，このような 1 モーラ分の音のことも「音節」として数えがちだが，音声学・音韻論においてはそれは誤りなので注意が必要である。

　なお，モーラによる音節の長さには，音節主音たる母音より後の部分のみが関わる。母音の前の子音は，モーラによる音節量には関係しない。

　音節とモーラの峻別は，本書の範囲では，§10.1 で見るように日本語のアクセントにおけるピッチの変動の仕方を正しく記述するために必要である。また，少なくとも日本語のモーラと英語の音節を，単純に対応する概念であると考えるのは避けなければならない。

　なお，モーラの概念は，英語の音韻体系を理論的に扱おうとするときにも利用される。§3.1.1 の表 3-1 で挙げた母音のうち，「短母音」と「弱母音」は 1 モーラ，「長母音」と「二重母音」は 2 モーラと見なされる。また，音節構造の中で，母音に後続する子音があれば，それもその音節のモーラ数として数える。これは，本書の範囲では特に問題になることはないが，もしも英語音声学・音韻論を専攻することになり，論文を書こうということになった場合には利用する可能性のある概念なので，頭の片隅に留めておくとよいであろう。

10 日本語のプロソディー

　いかなる言語でも音節は等しい調子で連なるのではなく，他よりも目立つ音節とそうでない音節に分かれるのが普通である．この目立ち方（＝**卓立** prominence）の違いを**アクセント**（accent）と呼び，他よりも卓立した音節は「アクセントがある」と一般に言われる．アクセントというと，強調することを連想して，強く発音することのように思われがちだが，それは日本語には当てはまらない．日本語のアクセントは高さ（ピッチ）のみを用いるため，一般に**高さ（ピッチ）アクセント**（pitch accent）と呼ばれる．アクセントは主に，発話のどの部分を強調するかを表わすために使われる．このほかに，発話全体の意味に影響するようなピッチの動きもあり，これは**イントネーション**（intonation）と呼ばれる．

　アクセントとイントネーションの区別にはやや微妙なところがあり，言語によっても異なる部分が少なくないので，近年ではこの種の概念をまとめてプロソディー（prosody）と呼ぶことが多い．本章と次の章のタイトルに「プロソディー」を用いたのはそのためである．

10.1　語アクセント

　ピッチを高・低の２段階に分けて考えた場合，それ自身は高くて次のモーラが低いモーラに「アクセント（核）がある」と言う．例えば，

「高」のモーラは上付き，「低」のモーラは下付きの文字で表わすとすると，「山登り」のピッチパターンは_やま^の_{ぼり}となり，「の」がアクセント核を持つモーラである。アクセント核以外のモーラのピッチには規則性があり，アクセント核よりも後にあるモーラは全て「低」，アクセント核に先行するモーラは一番最初のモーラが「低」になるのを除いて全て「高」となる。このようなパターンは，ピッチがいったん上がってまた下がるため「起伏式アクセント」と呼ばれる。なお，最初のモーラにアクセント核がある場合は「命」^い_{のち}のように，そこが「高」で後は全て「低」である。これは「頭高型アクセント」と呼ばれる。アクセント核を持たない語も多数あり，このような語は最初のモーラが「低」で後のモーラは全て「高」である。「友達」と_と^{もだち}。ピッチが上がると後は平板なため，「平板式アクセント」と呼ばれる。

ピッチは物理的には音声の**基本周波数**（fundamental frequency）に対応している。図 10-1 は，筆者の発音による「山登り」「命」「友達」の基本周波数をグラフにしたものである。

◆観察 10-1

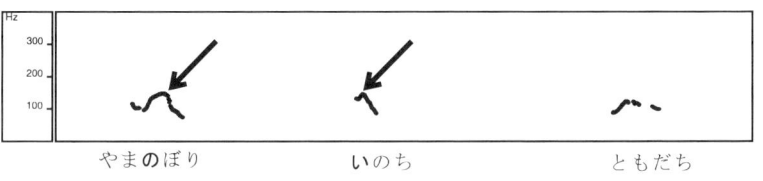

図 10-1　日本語の語アクセントにおける基本周波数の動き

基本周波数の曲線を観察すると，「やまのぼり」は最初の方で大きく上がって急に下がる動きを示している。この動きのうち，出だしの上昇は発話の始まりを示し，そのあとの上昇から下降への明確な転換点（矢印で指し示した部分）がアクセントに相当する。

そこはちょうど，「の」と「ぼ」の境目にあたっており，私たち日本語話者は，直前の「の」にアクセントがあるものと無意識に感じる。「いのち」では，矢印で指し示した冒頭にそれがある。

一方，そのような明確な転換点のない「ともだち」は，アクセントのない「平板な」発話とされる。それでも，出だしの上昇は弱いながらも存在する。なお，平らなはずの後半で周波数がゆるやかに下がっているのは，**漸降**ないし**自然下降**（declination）と呼び，意識的に同じ高さで発音しようとしない限りは生理的に自然に起こることである。

このように，語アクセントの実際の物理的現象は，上で見た「高」「低」の概念ほど単純ではないが，我々日本語話者は，これを高低に還元して捉えているのだと考えればよい。

日本語の単語は，いずれかのモーラにアクセント核があるか，またはアクセント核がないか，でアクセント型が区別される。2モーラの語であれば，1番目のモーラにアクセント核があるか，2番目のモーラにアクセント核がある（尾高型）か，アクセント核を持たないか，の3パターンがあり得る。例えば「はし」なら，「は」にアクセント核があればは̚し（箸），「し」にアクセント核があればはし̚（橋），アクセント核がない場合ははし（端）となる。なお，「橋」のように最後のモーラにアクセント核がある場合と，「端」のようにアクセント核がない場合の区別は，これらの語を単独に発音した時にはできないが，後に助詞をつければ，「橋を」ははし̚を，「端を」ははしを̚となるために区別できる。理論上は，nモーラの連続はn+1種類のアクセント型を区別することができる。

観察 10-2
Ⅱ-42

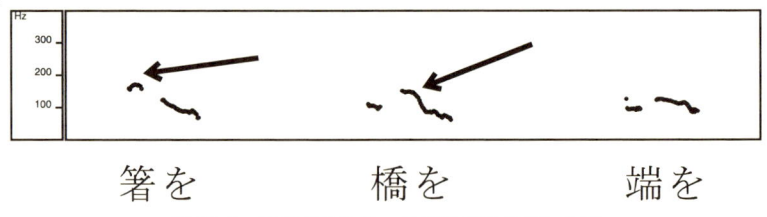

箸を　　　　橋を　　　　端を

図10-2　日本語の2モーラの語のアクセント型

国語辞典の中には，このようなアクセント核の有無と位置を示してい

るものがある。例えば『新明解国語辞典』(三省堂)は数字を用いて,アクセント核がない場合は0,ある場合は最初から数えて何番目のモーラかを1,2などと表示している。

なお,最初のモーラにアクセント核がある場合を除き,語頭は「低」で始まって次に「高」となるのが原則だが,2番目のモーラが独立モーラ /H, J, N/ の場合(つまり,最初の2モーラが1音節をなす場合)は最初から「高」である。基本周波数は実際には上昇しているが,その上がり方は2番目のモーラが独立モーラではない場合よりも小さく,耳で聞いたときにはほとんど上昇しているとは感じられない。図10-3のグラフは目盛りのスケールが図10-1の約半分であるため,変化が約2倍に誇張されて見える点にも注意されたい。結果的に「音声学」おんせぇがく,「とうもろこし」とおもろこしのようになる。

逆に,2番目のモーラが促音 /Q/ の場合は1番目と2番目のモーラが「低」で,3番目からが「高」になる。「学校」がっこお。これは,/Q/ が実際には無音で,当然ながらピッチを持たないため,少なくとも「上がった」とは知覚できないからである。

観察 10-3

図 10-3 日本語で2番目が独立モーラの場合のピッチ曲線

10.2 文アクセントとイントネーション句

ここまでは単語の孤立発話のみを用いて日本語のアクセントを考えてきたが,もちろん,そのようなことはまれで,単語を組み合わせて文に

した発話がほとんどであることは言うまでもない。本節では文からなる発話のアクセントを見ることにする。

図10-4は,「奈良に寄ろう」「奈良に寄ってから帰ろう」という2つの文を,それぞれ2種類のアクセントパターンで読んだものの基本周波数のグラフである。

観察 10-4
Ⅱ-44

図10-4　日本語の文アクセント

まずは「奈良に寄ろう」の方から考えることにする。1つめの発話では,「奈良に」のアクセント核に比べて,「寄ろう」のアクセント核のピッチが非常に低く抑えられている。他方,2つめの発話では,「奈良に」と「寄ろう」のアクセント核のピッチの高さはほぼ同じである。意味から考えれば,1つめの発話は図中で文字を肉太にして示したとおり,「奈良に」を「寄ろう」よりも強調した言い方である。つまり,「(神戸や京都ではなく)奈良に」,ということである。

この言い方は一息で続けて発音しなければならないということに注目しておきたい。「奈良に」でいったん休んでしまうと,2つめの発話のように,「寄ろう」も同じぐらいの高さのアクセント核で発音しないと不自然に感じられる。このように,一続きで発音される単位を**イントネーション句**（intonational phrase＞IP）と呼ぶ。

2つめの発話は,「奈良に」と「寄ろう」との間にイントネーション句の切れ目がある。つまり,別々のイントネーション句ということである。意味に関しては,図中の文字で示したように,「寄ろう」を強調した意味,例えば「寄るのはやめよう」に対する抗弁であるとも考えられるが,両方を強調した中立的な意味に取る方が,単独で聞いた場合には

普通であろう。

　ここでは，どちらの発話でも，イントネーション句の最初の語（文節）が意味的に強調されている，という点を押さえておこう。つまり，日本語では，ある言葉を強調したければ，その語の直前にイントネーション句の切れ目（休止など）を入れればよいということである。

　そのことをよりはっきりさせるために，3番目と4番目の発話を見ておこう。3番目の発話は「奈良に寄ってから帰ろう」を単一のイントネーション句で発音したものである。一番最初の「奈良に」が強調されていることは明らかであろう。一方，4番目の発話では「寄ってから」の前にイントネーション句の切れ目がある。つまり，「寄ってから」を強調した言い方である。「(まっすぐ帰るのではなく) 寄ってから」帰ろう，というのが普通の解釈であろう。

　まとめると，日本語の発話は，単語の連続を適宜イントネーション句に区切り，どの語を強調するかを示しながら発せられているが，強調されるのはイントネーション句の冒頭の語（文節）ということである。次の章で，これが英語とどのように異なっているかを見ることになる。

10.3　イントネーション

　日本語の日常の用法では「イントネーション」は単にピッチの上げ下げのことを広く指して使われることが多く，事実上アクセントのことを指しているが，音声学でイントネーションと言うと，文全体（より正確にはイントネーション句全体）の意味に関わるピッチの動きのみを指す。

　日本語では，アクセントを表わすのにピッチの動きを既に使っているので，イントネーションによるピッチの動きの現れる範囲は限られており，イントネーション句の末尾だけである。

　その例を，図10-5で見てみよう。ここでは，「鎌倉に。」（平叙文），「鎌倉に？」（疑問文），「鎌倉に！」（強く言い張っている発話），「鎌倉

にぃ…」（いわゆる「尻上がりイントネーション」。発話の途中で主に用いられる）の4つの発話のピッチの動きを比べてみる。

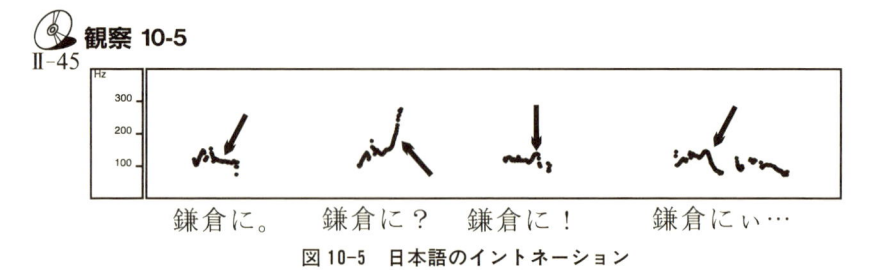

観察 10-5

図 10-5　日本語のイントネーション

それぞれ，矢印で指し示した部分がイントネーションに相当する。「鎌倉に。」ではそのまま下降し，「鎌倉に？」では大きく上昇，「鎌倉に！」では小さく上昇，「鎌倉にぃ…」ではいったん上昇して再び下降している。

イントネーションという言い方の紛らわしさを避けるため，このピッチの動きを**境界ピッチ運動**（boundary pitch movement＞BPM）と呼ぶこともある。繰り返しになるが，日本語のイントネーションは，文末のモーラ，またはイントネーション句の末尾のモーラにのみ起こるものである。この点に関しても，英語とどのように異なっているかを次章で見ていこう。

11　英語のプロソディー

11.1　英語のアクセントのイントネーションとの不可分性

　第10章で，日本語では，アクセントとイントネーションは別々の部分で実現されることを学んだ。語アクセントであれ，文アクセントであれ，アクセントは語の中の決まった部分でのピッチの下降によって実現される（ただし，アクセントがない発話もある）のに対し，イントネーションは，イントネーション句の末尾における，境界ピッチ運動（BPM）として実現するのであった。

　英語はこの面で，日本語とは異なるタイプの言語である。アクセントが語の中の特定の部分で起こるという点は日本語と同じであるが，イントネーションも，その場所で同時に起こるという点が違っている。つまり，英語では，アクセントとイントネーションは不可分なのである。

　実例を見た方がわかりやすいであろう。次は，単音節語の"No"を下降調（fall），上昇調（rise），下降上昇調（fall-rise），平坦調（level）の4種類のイントネーションで言った例である。

Exercise 11-1 （単音節語のイントネーション）
II-46
- （1） 下降調　　　No.
- （2） 上昇調　　　No?
- （3） 下降上昇調　No (, but....)
- （4） 平坦調　　　No....

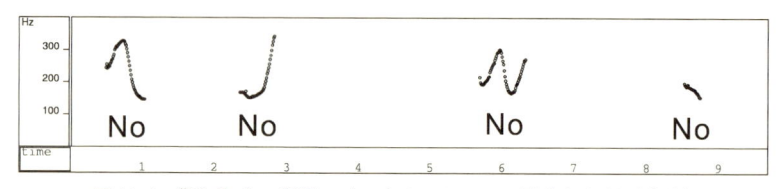

図 11-1　"No" を 4 種類のイントネーションで発音した例（女声）

実際，単音節語であれば，日本語と英語の間に大きな違いはない。日本語でも 1 つしかない音節の中でアクセントとイントネーションが共存せざるを得ないからである。例えば，「目」という言葉を，第 10 章で示した 4 つの BPM で言ってみるとよい。

しかし，音節が複数になると話は変わってくる。次は，3 音節語の "Normally" を，やはり下降調，上昇調，下降上昇調，平坦調の 4 種類で言った例である。

Exercise 11-2 （多音節語のイントネーション）
II-47
- （1） 下降調　　　Normally.
- （2） 上昇調　　　Normally?
- （3） 下降上昇調　Normally (, but....)
- （4） 平坦調　　　Normally....

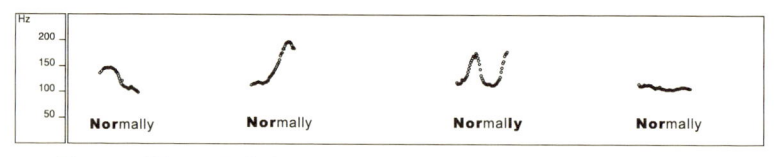

図 11-2　"Normally" を 4 種類のイントネーションで発音した例（男声）

ここでは，アクセントは語頭の Nor- にある。その後のピッチの動きを見ると，下降調では，残りの -mally で声域の下限をほぼ平らに移行する（ただし漸降は伴う）。上昇調では，Nor- で始められた上昇がそのまま続く。下降上昇調では，-mal- が低く，最後の -ly で上昇に転じる。平坦調ではずっと平坦である。つまり，日本語のように，イントネーション句の最後のモーラのピッチの動きでイントネーションが決まるのではなく，アクセントから始まるピッチの動き方によってイントネーションが決まるのである。これは文になっても同じである。次の例を参照されたい。アクセントを持つ音節を太字で，そこからのピッチの方向を矢印で示している。

Exercise 11-3 （文のイントネーション）
II-48
【女声】
（1）　下降調　　Amelia will run on un↘even ground next week.
（2）　上昇調　　Amelia will run on uneven ↗**ground** next week?
（3）　下降上昇調　Amelia will run on un↘even ground next ↗**week**.

【男声】
（1）　下降調　　Amelia will run on uneven ↘**ground** next week.
（2）　上昇調　　Amelia will run on uneven ↗**ground** next week?
（3）　下降上昇調　Amelia will run on un↘even ground next ↗**week**.

※文の形で平坦調はまれなので，例は省略する。

図11-3（1）　女声による，下降調の発話

　（1）の下降調は，Exercise 11-2 で見た単語の場合と同様，アクセン

トを持つ音節（矢印で示した部分）から次の音節にかけて声域の下限までピッチが下がり，あとは平坦に続く。

図 11-3（2）　男声による，上昇調の発話

（2）の上昇調も，単語の場合と同様，アクセントを持つ音節から最後までピッチの上昇が続く。

図 11-3（3）　女声による，下降上昇調の発話

（3）の下降上昇調は，ここでの例のように，下降（1つめの矢印で示した部分）が早めに来た場合，最後の音節まで声域の下限を平坦に進み，最後の第2アクセント（§11.3.3を参照）を持つ音節（この場合は week で，結果的には Exercise 11-2 の場合と同様に最後の音節）で再び上昇する（2つめの矢印で示した部分），という形を取る。下降の後に第2アクセントがない場合は最後の音節で上昇する（Exercise 11-2 の "Normally" はこの例であった）。

なお，ここまで断りなしに用いてきたが，下降調，上昇調，下降上昇調，平坦調とは，**音調**（tone）と呼ばれるものである。英語には他の種類の音調もあるが，本書では，基本的と考えられる，これらの4種のみを扱う。

以上のことから，英語では，イントネーションを切り離してアクセントを論ずることは本来できないのだということが理解されたであろう。しかし，記述を単純にするために，次節（§11.2）から§11.3までは，扱うイントネーションを下降調に限って話を進めることにする。

11.2 語アクセント

　語アクセントとは単語が単独で発音されたときのアクセント型である。日本語では語アクセントは「あるかないか，あるならどこか」の問題であったが，英語の語アクセントには3段階あり，それぞれの音節が，**第1アクセント**（primary accent），**第2アクセント**（secondary accent），**弱アクセント**（weak accent）のいずれかを必ず担う。単語は必ず第1アクセントを担った音節を1つだけ含む。なお，第1アクセントと第2アクセントをまとめて**強アクセント**（strong accent）と呼ぶ。

　弱アクセントは普通ピッチも低く，短い音節である。第1アクセントは，主要なピッチの動き（イントネーション）の開始点となり，長さも長い音節である。ピッチの動きは，日本語のアクセントとは違い，下降に限られず，前節で例として用いた下降調，上昇調，下降上昇調，平坦調などの音調がある。第2アクセントは，第1アクセントの前ではピッチがやや高く，長さもある程度長いといった性質だが，第1アクセントの後では，その第1アクセントが担う音調に応じた動きをする。

　英語のアクセントは，英語教育界などでは一般に「**強さ（強勢）アクセント**」（stress accent）とされている。しかし，実際には英語でもピッチが最も重要な働きをしているというのが妥当な見方であり，音節の長さがそれに次ぐ。また，強母音・弱母音といった母音の種類（§3.1を参照），すなわち音質も関係している。強アクセントには強母音，弱アクセントには主に弱母音が含まれるからである。

　以上のことは，以下のExcercise 11-4の単語の音響分析（基本周波数，強さ，音節の長さ）を見れば納得されるであろう。第1アクセントの後の第2アクセントでは，ピッチよりもむしろ長さが重要な働きをしているが，強さはいずれの場合にもほとんど寄与していない。むしろ弱アクセントの部分より弱くなっている部分が少なくないのである。したがって，「強さ（強勢）アクセント」という呼び方は誤解を招きやすい

どころか，誤りであるとさえ言える。英語のアクセントは，むしろ，**「高さ・長さアクセント」**（pitch and length accent）とでも呼ぶべきものである。

第1アクセントは当該の音節の直前に /ˈ/，第2アクセントは /ˌ/ をつけて表記する。弱アクセントについては，特に表記を行なわない。

Exercise 11-4 （語アクセントの実例）

※上段が基本周波数，下段は強さを表す。

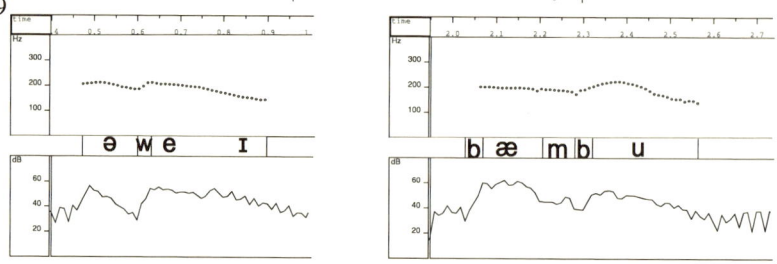

(1) 2音節語：aˈway, ˌbamˈboo, ˈDublin, ˈsynˌtax
Ⅱ-49

図11-4 (1)　女声による，2音節語のピッチ（上段）と音の強さ（下段）

※ away では，/ə/ と /eɪ/ の強さにはっきりした違いは見られないが，音節 /-weɪ/ におけるピッチ変動（下降）の方が大きく，また音節の長さも長い。bamboo では第2アクセントの /æ/ の方が第1アクセントの /u/ よりも強いが，ピッチの変動は /u/ のみにあり，これが第1アクセントを保証している。

(2) 3音節語：ˈambulance, adˈvantage, ˈsepaˌrate (v), ˌunderˈstand
Ⅱ-50

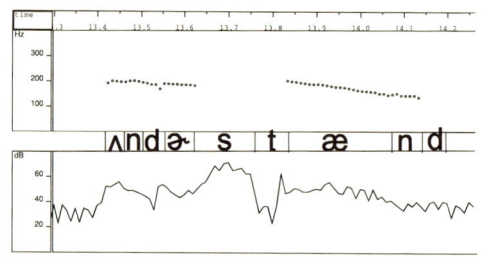

図11-4 (2)　女声による，3音節語のピッチ（上段）と音の強さ（下段）

※第1アクセントの /æ/ は第2アクセントの /ʌ/ より弱い。しかし音節 /ʌn-/ と /-stænd/ では圧倒的に後者が長くピッチの変動もある。

(3) 4音節語：ˌprepaˈration, parˈticular, ˈteleˌvision, ˈbeautifully, perˈsoniˌfy

※ preparation では，第1アクセントの /eɪ/ は第2アクセントの /ɛ/ よりも明らかに弱い。長さでは上回っているが，弱アクセントの /ɚ/ に迫られている。次の音節 /-ʃən/ とのピッチの段差が第1アクセントを保証しているものと思われる。personify では，第1アクセントの /ɑ/ と弱アクセントの /ɚ/ の強さはほぼ同じで，第2アクセントの /aɪ/ はそれよりも弱い。音節全体の長さが /-sɑn-/, /-faɪ/ の方が長いことから両者は強アクセントとなっている。この2つでは /-faɪ/ の方が長いが，次の音節に向けてピッチ下降の勾配を大きくしている点で /-sɑn-/ が第1アクセントとなっている。/-faɪ/ はその勾配を続けているだけである。

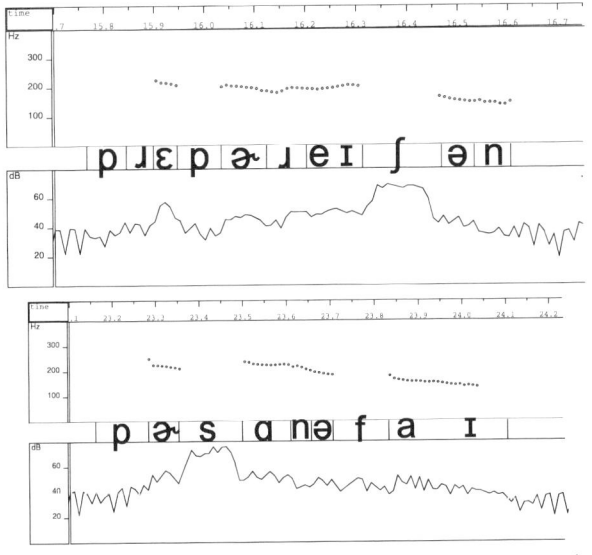

図 11-4 (3) 女声による，4音節語のピッチ（上段）と音の強さ（下段）

(4) 5音節語：ˌunˈnecesˌsary

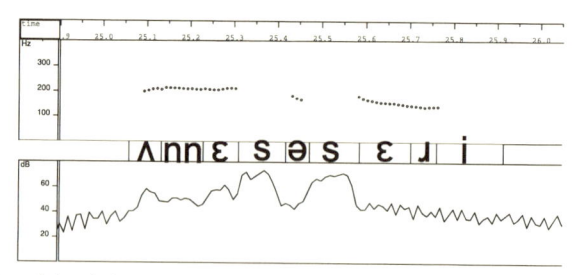

図 11-4（4） 女声による，5音節語のピッチ（上段）と音の強さ（下段）

※第1アクセントの /ɛ/ は他の母音よりも強く，次の音節へ向けてピッチの段差がある点でも第1アクセントで問題ない。第2アクセントの /ɛ/ は音節の長さによるものである。

11.3 文アクセント

11.3.1 アクセントを受ける語・受けない語

英語の単語は，主として文の意味内容を伝える**内容語**（content words）と，主として文法的働きをする**機能語**（function words）に分かれ（これはだいたいにおいて品詞により分類できる），これがアクセントのうえで重要な区分となる。すなわち，文中では内容語は基本的に第1アクセント（文アクセント）を受けて語アクセントのパターンをそのまま保ち，一方機能語は基本的に弱アクセントしか受けない。内容語と機能語の大まかな区分は表11-1の通りである。（実例は，下の§11.3.3以下を参照されたい。）

11.3.2 機能語の弱形（weak form）

単音節の機能語の多くは，文中で用いられ弱アクセントを受けた場合

内容語（content word）	機能語（function word）
名詞	冠詞
形容詞	人称代名詞
副詞	前置詞・接続詞
動詞（変化形を含む）	助動詞・be動詞
疑問代名詞，疑問副詞	関係代名詞・関係副詞
指示代名詞，指示副詞	不定形容詞（some, any など）
数詞	その他

表 11-1　内容語と機能語

に，単独で発音された場合とは含まれる音素までが大きく変化した「弱形」として現れる。一方，単独に発音された場合など，強アクセントを受けた場合の発音を「強形」(strong form) と呼ぶ。表 11-2 に主な機能語の強形と弱形を列挙する。

　特に注意するべきは，強形で /h/ で始まる語が弱形で /h/ を脱落させる点，そして can を正しく /kən, kn̩/ と発音することである。これを /kæn/ と発音してしまうと，§11.3.5 の Exercise 11-9 (a) の3つめの文にあるような否定形の can't（/t/ は子音の前でも母音の前でも脱落しやすい）と誤解される恐れが生じるからである。

11.3.3　文の音調核（主アクセント）の位置

　英語の発話も日本語と同様，イントネーション句に区切って発音される。英語では1つのイントネーション句の中には複数の第1アクセントがあるのが普通だが，その中で最後に現れるものがそのイントネーション句の中で最も卓立している（強い）ように感じられるため，主アクセントと見なされる。一般にこれを**音調核**あるいは単に**核**（nucleus）と呼ぶ。結果的に，イントネーション句の中の最後の内容語が音調核を担

	強形	弱形
冠詞		
a	eɪ	ə
an	æn	ən
the	ði	ðə（子音前）, ði（母音前）
人称代名詞		
him	hɪm	(h)ɪm
his	hɪz	(h)ɪz
he	hi	(h)i（母音前・文末）, (h)ɪ（子音前）
me	mi	mi（母音前・文末）, mɪ（子音前）
she	ʃi	ʃi（母音前・文末）, ʃɪ（子音前）
we	wi	wi（母音前・文末）, wɪ（子音前）
you	ju	ju（母音前・文末）, jʊ, jə（子音前）
us	ʌs	əs
them	ðɛm	(ð)əm
her	hɚ	(h)ɚ
your	jʊr	jɚ
their	ðɛr	ðɚ
our	aʊr	ɑr
前置詞/接続詞		
at	æt	ət
for	fɔr	fɚ
from	fɹɑm / fɹʌm	fɹəm
of	ɑv	əv
to	tu	tu（母音前）; tʊ, tə（子音前）
and	ænd	ənd, ən, n̩
as	æz	əz
or	ɔr	ɚ
nor	nɔr	nɚ
than	ðæn	ðən

表 11-2　英語の主な弱形（次ページへ続く）

	強形	弱形
that	ðæt	ðət
助動詞/be 動詞		
be	bi	bi（母音前・文末），bɪ（子音前）
am	æm	əm, m
is	ɪz	ɪz, z, s
are	ɑɹ	ɚ
was	wɑz	wəz
were	wɚ	wɚ
do	du	du（母音前），dʊ, də（子音前）
been	bɪn	bɪn
does	dʌz	dəz
have	hæv	(h)əv, v
has	hæz	(h)əz, z, s
had	hæd	(h)əd, d
can	kæn	kən, kn̩
could	kʊd	kəd
must	mʌst	məs(t)
shall	ʃæl	ʃəl
should	ʃʊd	ʃəd
will	wɪl	(w)əl, l
would	wʊd	(w)əd, d
関係代名詞		
who	hu	(h)u
that	ðæt	ðət
不定形容詞		
some	sʌm	səm, sm̩
any	ˈɛni	əni
その他		
there	ðɛɹ	ðɚ（there is … のような存在文の場合）

表 11-2　英語の主な弱形

うことになる。一番最後の内容語が最も強調されるのは，文を作る時に普通は意味的に最も重要な要素が最後に来るように組み立てることと符合している。

なお，英語でイントネーション句の中の最後の内容語が音調核を担うという点は，日本語と鋭い対照をなす。§10.2 の最後で述べたように，日本語はイントネーション句の中の最初の文節が最も強調されるからである。

以下に英語の文アクセントの実例を示す。|| はイントネーション句の境界を示す。

Exercise 11-5 （通常の文アクセントの実例）

Ⅱ-53

She ˈknew he was ˈtrying to ↘**fright**en her.

【女声】I exˈpect she will ˈcome aˈlong ↘**la**ter.

【男声】I exˈpect she will ˈcome a↘**long** ˌlater.

　　※この発音については§11.3.4 の Exercise 11-8 D)を参照。

They ˈtook the ↘**stairs** || inˈstead of the ↘**ele**ˌvator.

I ˈdidn't dis↘**cuss** it with him.

ˈSoldiers ˈopened a ˈfire on a ˈcar which ˈfailed to ↘**stop**.

My ˈbrother is a ˈfactory ˌworker who ˈwants to be a ↘**mail**ˌman.

ˈLet's ˈall ˈgo ˈback to my ↘**place**.

ˈThese iˈdeas are ˈnot ↘**new**.

It is imˈpossible to ↘**please** you.

英語では，強調する箇所を変える場合，受動態などの統語的操作によって語順を変えることも多い。しかし，次の Exercise 11-6 のように，語順を変えなくても，Amelia や won を強調しようという意図がある場合は，これらの語に音調核を置くことができる。この場合，その後の内容語は第2アクセントを受ける。英語は日本語と違い，強調する場所を変えるためにイントネーション句の境界を動かす必要はない。

11 英語のプロソディー——*129*

Exercise 11-6（最後の内容語以外の音調核）
Ⅱ-54

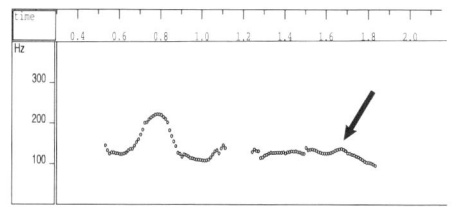

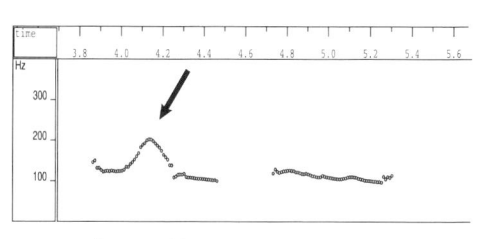

A'melia 'won the ↘
race.（特に前提を
必要としない発話）

A↘melia ˌwon the
ˌrace.（Who won
the race?）

A'melia ↘**won** the
ˌrace.（What was
Amelia's perfor-
mance in the
race?）

機能語であっても，強調
するべき理由があればに音
調核を置くことができる。

Exercise 11-7（機能語へ
Ⅱ-55 の音調核）

Your com'puter ↘ **is**
conˌnected to the
ˌInternet.（たとえ
ば，電子メールが読めないんだよ，と嘆く相手に向かって）

I ↘**can** opˌpose my ˌboss.

We ↘**can** upˌset the ˌchampion ˌteam.

It was ˌall ↘**your** broˌther's ˌfault.

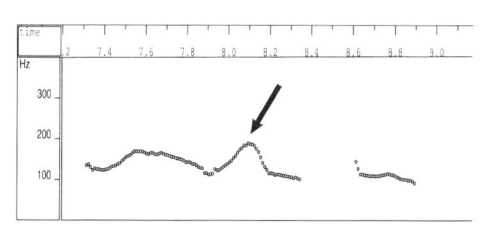

He is ↘**the** ˌman for the ˌjob.

図 11-5 音調核の位置のいろいろ（男声）

11.3.4　弱めの文アクセントを受ける内容語

内容語であっても，以下のようなものは第1アクセントではなく，第2アクセント（弱めの文アクセント）を受けるにとどまる。これらのものに共通してみられる特徴は，「意味内容が希薄」という点である。

Exercise 11-8（文アクセントの弱い内容語）

　A）比較変化を示す more, most

　　I can ˈthink of ˈnothing ˌmore ↘**pre**cious than ˌtime.

　　ˈLawrence is ˈone of the ˌmost ˈbeautiful ˈcities in the U. ↘**S**.

　B）漠然とした人・物を指す thing, man, person, place などの名詞（修飾語を伴う）

　　The ↘**cell**ar ‖ was a very ↘**dark** ˌplace.

　　He is a ˌman of his ↘**word**.

　C）「今朝，今晩」のような場合に用いる this

　　ˌThis → **week**, ‖ I've ˈbeen on va↘**ca**tion.

　　ˈThen ˌthis ˈguy from Jaˈpan ↘**came**.

　D）文末にある，時などを表わす直示的な（deictic その場の状況に応じて実際に指すものが変わる）表現。

　　We are ˈgoing to be ↘**bu**sy ˌnext ˌweek.

　　I'll ˈsee you at ↘**nine** ˌtoˌmorrow.

　　I ˈdon't ˈhave ˈany ↘**class**es ˌtoˌday.

11.3.5　文アクセントを受ける機能語

機能語であっても，(Exercise 11-7 のような，特別に強調するだけの理由がある場合を除いても) 次のような場合には文アクセントを受ける (音調核とは限らない)。

Exercise 11-9（文アクセントを受ける機能語）

（a） 助動詞・be 動詞の -n't による否定縮約形

It ˈisn't my ˋfault!
I ˈhaven't ˋthought aˌbout it.
You ˈcan't misˋtake it.

（b） 助動詞・be 動詞で直後の本動詞や補語が省略されているもの（主に文末）

The ˈboy ˈshouted for ˋhelp ‖ as ˈloudly as he ˋcould.
She ˈlooks ˈyounger than she ˈreally ˋis.

（c） 前置詞で，その目的語が他へ移動されたりしているもの（主に文末で，第2アクセントを受ける）

He is ˈnot the ˌman I was ˋtalking ˌto ˌyesterday.
ˈThese are the ˌsorts of ˌthings I ˈcannot ˈput ˋup ˌwith.

11.3.6　複合語アクセント

　2つ（以上）の語が密接に結び付いて1つの語のようにまとまったものを複合語（または合成語）と呼ぶ。1語のように連続して綴られるもの，ハイフンでつながれるもの，離して綴られるものいずれも存在し，綴り字のうえではそれが複合語かどうかの見分けはつかない。あくまでも意味的な「まとまり」による。

　複合語のアクセント型は2種あり，1つは文アクセントと同様に両方の要素が第1アクセントを受ける「1+1型」（even stress とも呼ばれる），もう一つは語アクセントと同様に第1アクセントは1つで，2つ目の要素が第2アクセントしか受けない「1+2型」である。

Exercise 11-10 （複合語アクセント）

（1）「1+1型」

複合形容詞・複合副詞・複合動詞に多い。

ˈupˈstairs（男声ˈupˌstairs）	← up＋stairs
ˈsecondˈhand〈中古の〉	← second＋hand
ˈabsent-ˈminded	← absent＋minded
ˈmass-proˈduce	← mass＋produce

（2）「1+2型」

複合名詞に多い。文アクセントの原則が適用される名詞句の「1+1型」（右欄）と比較のこと。

複合名詞	名詞句
a ˈblackˌbird〈クロウタドリ〉	a ˈblack ˈbird〈黒い鳥〉
a ˈlightˌweight〈ライト級の選手〉	a ˈlight ˈweight〈軽い重量〉
the ˈWhiteˌHouse〈米国大統領官邸〉	a ˈwhite ˈhouse〈白い家〉
a ˈsmokingˌroom〈喫煙室〉	a ˈsmoking ˈroom〈煙の出ている部屋〉
an ˈEnglishˌstudent〈英語学習者〉	an ˈEnglish ˈstudent〈イングランド人学生〉
a ˈFrenchˌteacher〈フランス語教師〉	a ˈFrench ˈteacher〈フランス人教師〉

ただし，全ての複合語がこのアクセント型になるわけではない。傾向としては存在するものの，実際には「1+1型」の複合名詞も数多くあり，また名詞句も現実の発話の中では意味的な力点の置き方により異なった型で現れることも多いので，この区別はあくまでも目安として捉える方がよい。

11.3.7　英語音声のリズム

　強弱や長短などの規則的なくり返しのパターンをリズムと言う。話し言葉は必ず何らかのリズムを伴って発せられるが，もちろん厳密なものではなく揺れを伴っている。またリズミカルさの程度も発話のスタイルにより様々である。リズムの本質として，等しいものの連続と異なるものの交替という2つの要素がある。以下では，この観点から英語のリズムを説明する。

11.3.7.1　等時性（isochrony）によるリズム

　「等しいものの連続」といっても，その「等しいもの」が何かは言語によって異なる。日本語の話し言葉では，等しい長さのモーラが連なって現れる。モーラが等間隔に現れる（＝モーラに等時性がある）ため，**モーラ拍リズム**（mora-timed rhythm）と呼ばれる。

　一方，英語ではリズムの単位は強アクセントを持つ音節（強音節）である。すなわち，アクセントのある音節が等間隔に現れようとする傾向があり，強アクセントに等時性がある。強アクセント＝強勢との連想から**強勢拍リズム**（stress-timed rhythm）と呼ばれる。

　下の Excercise 11-11 の文は音節数は様々だが，強音節の数が3と全て同じであるため，文全体の長さはだいたい同じになる。このことを図式的に表わした。太字で示している強音節は長く，それ以外の弱音節は圧縮されて短く発音される。

Exercise 11-11（等時性リズム）

	'Cats	**'eat**	**'mice.**	（3音節）
The	**'cats** will	**'eat** the	**'mice.**	（6音節）
The	**'cats** will have	**'eat**en the	**'mice.**	（8音節）

The ˈtruck	is	ˈhere	ˈnow.	（5音節）
The ˈtruck	will be	ˈthere in a	ˈmoment.	（9音節）
The ˈtruck	will be on the ˈfer-	ry im-	ˈmediately.	（13音節）

強音節を先頭に次の強音節の直前までを韻脚(いんきゃく)（foot）と呼ぶ。したがって，強勢拍リズムは「韻脚の長さが音節数にかかわらず等しい」と言い換えることもできる。上の例では最も音節数の多い韻脚は6音節からなるが，弱音節が極度に圧縮され他の韻脚よりもあまり長くなりすぎないようにしている。

等時性によるリズムは絶対的なものではない。厳密に持続時間を測定すれば，仮に話す速度が一定に保たれているとしても韻脚の長さが完全に等しいということはない。韻脚の音節数に偏りがあれば，音節数の多い韻脚は長く，少ない韻脚は短くなるのは確かである。しかし，音節数に比例して長くなるということはなく，強音節の間隔ができるだけ等しくなろうとする傾向が英語に見られることは間違いない。

11.3.7.2 交替によるリズム

強アクセントを3つ以上含む発話では，第1アクセントと第2アクセントが「交替」して現れるようにすることによって「リズムの良さ」を作り出そうとする傾向もある（この場合，弱音節の存在は無視する）。このために語アクセントのパターンが変わってしまう場合もある。以下で下線を付したものは語アクセントが変わってしまった例である。

◎ Exercise 11-12 （交替性リズム）

ˌnineˈteen　（2・1）
He is ˌnineˈteen.　（2・1）
ˌnineˈteen engiˈneers　（2・1・2・1）
ˈnineˌteen men　（1・2・1）

ˌPortuˈguese （2・1）
The ˈboys are ˌPortuˈguese. （1・2・1）
ˈPortuˌguese ˌinstiˈtutions （2・1・2・1）
ˈPortuˌguese ˈboys （1・2・1）

ˈwell-ˈknown （1・1）
ˈwell-ˌknown ˈsoccer ˌplayers （1・2・1・2）
ˈwell-ˌknown psyˈchologists （1・2・1）
ˈwell-ˌknown ˈactors （1・2・1）

　多く見られるのは，「2・1」または「1・1」の型をもつ語に，第1アクセントが先にある語が後続した場合に前の語が「1・2」の型に変わってしまうというものである（第2アクセントが先にある語が次に来た場合には変化しない）。この現象は**強勢移動**（stress shift）または**強勢衝突**（stress clash）とも呼ばれる。例に示したように形容詞によく起こるため，一部の辞書では，パターンが変化する可能性のある形容詞の発音表記の末尾に /ˉ/ をつけて，Japanese /ˌdʒæpəˈnizˉ/ などと示しているが，特に形容詞に限って起こるというわけではない。
　なお，この交替リズムも必ず起こるというものではない。上で下線を付して強勢移動が起こったことを示している例でも，強勢移動を起こさずに発音される例はごく普通に聞かれる。

11.4　イントネーション

　英語ではイントネーションがアクセントと不可分のため，本章ではここまで，アクセントが下降調のイントネーションを持つということを前提にして話を進めてきた。本節では，ここまで学んできたことを踏まえ，そのほかの音調も含めて，英語のイントネーションの用法について説明

する。

11.4.1 イントネーション句の構成要素

イントネーションを考える際，発話をイントネーション句という単位に区切り，その中でピッチの動きを捉えるのが普通である。ここまで文アクセントを扱うにあたっても，この単位を基本にして説明をしてきた。

これには基本的には文や節が対応すると考えてよいが，話者の意図や発話のスタイルによって区切り方は変わる。演説のような格式ばったスタイルでは細かく区切られることが多く，日常会話のようなくだけたスタイルでは区切り方は少なくなるのが普通である。

イントネーション句については，「意味上のまとまり」「情報の単位」という捉え方もある。発話をイントネーション句に細かく区切れば区切るほど，発話の情報量がたくさんある，つまり「大事なことを話している」という印象を与える。演説などで区切りが細かくなるのはそのためであると考えられる。

英語における，単独のイントネーション句の内部構造は，音調核のほか，音調核の後の音節を**尾部** (tail)，音調核よりも前の部分を**頭部** (head) と呼ぶ。イントネーション句内に音調核は必ず存在するが，頭部や尾部はない場合もある。また，尾部のピッチの動きは音調核の持つ音調すなわち**核音調** (nuclear tone) によって自動的に決まるが，頭部のピッチの動きは，核音調とある程度の関連はあるものの，独自に決まるものである。様々な頭部の用法はイントネーションの記述においてもかなり高度な部分に属するので，本書では，核音調の用法を紹介するにとどめる。

これは何も消極的なことではなく，核音調こそが英語イントネーションの中核であり，核音調を正しく使うことが正しいイントネーションの大半をなすからである。

11.4.2 核音調の用法

11.4.2.1 下降調 (fall)

文末で最も普通に用いられ，「完結」を意味する．

Exercise 11-13 （下降調）

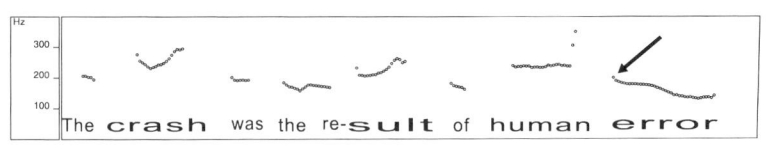

図11-6 下降調のピッチの動きの例（女声）

(1) 平叙文

　The ˈcrash was the ˈresult of ˈhuman ↘**er**ror.

　I've ˈnever ˈmet him ↘**per**sonally.

　The ˈbook was ˈwritten for ↘**col**lege ˌstudents.

(2) Wh 疑問文

　ˈWhat do you ˈwant me to ↘**say**?

　ˈWhat do you ˈwant me to ↘**do** toˌday?

　ˈWhere are you ↘**go**ing?

　ˈWhy were you ↘**ab**sent ˌyesterday?

(3) 命令文

　ˈStand ↘**up**.

　ˈTell me ˈwhat you ˈdid in ˌthat ↘**ac**cident.

(4) 感嘆文

　ˈWhat a specˈtacular ↘**view** this ˌis!

　ˈHow I ˈwish I could ˈtravel aˈround the ↘**world**!

(5) 付加疑問のうち「同意」を前提とし，とくに返答を求めないもの．

　It is a ˈbeautiful ↘**day**, ‖ ↘**is**n't it?

11.4.2.2　上昇調 (rise)

「未完結」を基本的な意味とし，相手に何らかの返答を求めるのが普通。

Exercise 11-14 （上昇調）

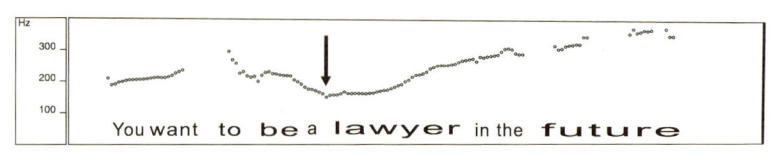

図 11-7　上昇調のピッチの動きの例（女声）

（1）　Yes-No 疑問文

　Do you ˈwant me to ˈstick a ↗**no**tice on the ˌwindow?

　Did you ˈever ˈgo to A↗**las**ka?

（2）　平叙疑問文

　You ˈwant to be a ↗**law**yer in the ˌfuture?

　I am resˈponsible for ˈthis ↗**mess**?

（3）　相手の言葉への言い返し

　↗**What** did you ˌsay?

　Ex↗**cuse** me?

　I ˈbeg your ↗**par**don?

（4）　呼びかけ

　ˈHow are ↘**you** toˌday, || ↗**Jim**?

（5）　付加疑問のうち，実際に Yes/No の返答を期待しているもの。

　You ˈare ↘**hun**gry, || ↗**aren**'t you?

11.4.2.3　下降上昇調 (fall-rise)

文中の切れ目で最も普通に用いられる音調。文末で用いられる場合は，言外に何らかの「含み」を持たせた意味となる。

Exercise 11-15 （下降上昇調）

図 11-8　下降上昇調のピッチの動きの例（男声）

（1）文中の切れ目

If ˈI interˌrupt ˈher, ǁ she ˈgets ˌangry.

When I was sixˌˈteen, ǁ I ˈmet him for the ˈfirst ˌtime.

（2）言外の意味を含む文

She is a ˈtalented muˌsiˈcian.（しかし，品行方正でない，など）

11.4.2.4　平坦調 (level)

ある程度の長さの文の形では現れにくいが，1～2語の発話において「退屈」「残念」などの含みを持って用いられる。この音調を担う核は特に長くなるのが特徴である。

Exercise 11-16 （平坦調）

→ **Yes**....

It's ˈraining a→**gain**....

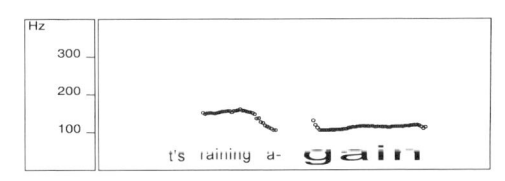

図 11-9　平坦調のピッチの動きの例（男声）

※出だしを特に軽く言ったために /ɪ/ が脱落し，it's が /ts/ となっている。

12　連続発話における音変化

　ここまでの章でもその場その場で音変化を扱ってきたが，まとまった形で扱うことによって，主として聞き取りの便になることを意図して独立した章にした。ここで扱う項目は，必ずしも発音上の目標にする必要はないものばかりである。

12.1　音の脱落

12.1.1　/mps, mpt/ → /ms, mt/

　これは，次のような過程を経て生じる変化である。

	m	(p)	s/t
両唇	閉鎖		開放
舌先と歯茎の間	開放		狭い隙間/閉鎖
鼻腔への通路	開放	←	閉鎖
声帯	振動	←	静止

図 12-1　/p/の脱落

　つまり，個々の調音器官の動くタイミングがずれてしまった結果である。
　日本人学習者としては，/p/を破裂させると場合によっては母音が入ってしまい不自然な発音になるおそれがあるので，ここでは/p/を脱

落させるようにした方が好ましい。

Exercise 12-1 (/p/ の脱落)
II-65
　　lamps, pumps, glimpsed; attempt, contempt, prompts, tempts

　《参考》これとは逆の現象が歴史のうえでは起こり，例えば，empty という語には元来は /p/ はなく，æmtig であった。同様に，Thompson という名前も，Tom＋son＝Thomson に /p/ が挿入されたものである。

12.1.2　/ntʃ, ndʒ/ → /nʃ, nʒ/

　これも前項と同様の現象で，本来ならばずれて動くべき調音器官が同時に動いてしまった結果である。改めて図式的に示すと，次のようになる。

	n	(t/d)	ʃ/ʒ
調音位置	閉鎖	←	狭い隙間
鼻腔への通路	開放		閉鎖
声帯	振動	静止/振動	

図 12-2　/t, d/ の脱落

　この現象に関しては，日本の英和辞典で表記しているものも見られるが，日本語話者としては従うべきではない。それは，§5.3.3 で指摘した通り，[ʃ] の前では日本語の「ン」は鼻母音になってしまい，英語とは違ってしまうからである。/ndʒ/ に関しては，日本語の「ン」の後のザ行の特徴からして，/d/ を脱落させることすら難しいであろう。

　以下の Listening 12-1 では，CD の女声は /t, d/ を脱落させず，男声は脱落させて発音している。

🔊 Listening 12-1 (/t, d/ の脱落)
II-66
  branch, lunch, punch, rancher; range, lounge, plunge, angel

12.1.3 /ə/ の脱落

/ə/ は，元来はっきりした音色を持っていた母音が，アクセントを受けないことを原因として音質が曖昧になったものであるが，アクセントを受けないことの究極の姿が，この脱落だと言える。直後が /ɹ, l/ のとき脱落することが多い。

🔊 Exercise 12-2 (/ə/ の脱落)
II-67
camera	/ˈkæmərə～ˈkæmrə/
factory	/ˈfæktəɹi～ˈfæktɹi/
family	/ˈfæməli～ˈfæmli/
history	/ˈhɪstəɹi～ˈhɪstɹi/
natural	/ˈnætʃərəl～ˈnætʃɹəl～ˈnætʃɹ̩l/

12.2 音の挿入

12.2.1 /ns, nʃ/ → /nts, ntʃ/

§5.3.3(2)で扱ったことの繰り返しになるが，同時に動くべき調音器官がずれて動いてしまったのが原因である。アメリカの辞書では，挿入されている /t/ を本来の発音として表記しているものまである。日本人は，/n/ を正しく発音するために /t/ を挿入した方がよい。

	n	t	s/ʃ
調音位置	閉鎖	→	狭い隙間
鼻腔への通路	開放		閉鎖
声帯	振動		静止

図 12-3　/t/ の挿入

Comparison 12-1 (/ns, nʃ/ と /nts, ntʃ/)

/ns, nʃ/	/nts, ntʃ/
prince	prints
sense	cents
mention	luncheon
pension	Pynchon

※ CD では，上記のうち，最初の 3 対に関しては左側にも /t/ が挿入されているが，最後の pension のみ /t/ は挿入されていない。

12.2.2　/ls, lʃ/ → /lts, ltʃ/

前項で扱ったものと似た現象である。挿入の仕組みを下に示す。

	l	(t)	s/ʃ
舌先と歯茎	閉鎖	→	狭い隙間
舌の縁と歯茎	開放		閉鎖
声帯	振動		静止

図 12-4　/t/ の挿入

下の Comparison 12-2 の CD 音声では，waltz から /t/ が脱落する

という逆の現象が起きている。脱落と挿入が裏腹の関係にあることの現れである。一方，Welsh，Welch では発音表記通りの発音で，/t/ の挿入も脱落も起こっていない。

Comparison 12-2 (/ls, lʃ/と/lts, ltʃ/)
II-69

/ls, lʃ/	/lts, ltʃ/
else	waltz
Welsh	Welch

12.3　同化

　音の連続の中で，ある音が隣接の他の音に似る現象を同化（assimilation）と呼ぶ。同化は，同化の方向と，同化の内容によって分類できる。

　方向に関しては，次の音に備えてその音の性質の一部を先取りするものを**逆行同化**（regressive assimilation），前の音からの影響を引き継ぐものを**順行同化**（progressive assimilation），隣り合った音がお互いに影響し合うものを**相互同化**（reciprocal assimilation）と呼ぶ。（実際には全ての同化は多かれ少なかれ相互同化的だが，特に目立つ現象を指して分類される。）

　内容に関しては，調音位置が影響を受ける**調音位置の同化**，声の有無が一致する**声の同化**，調音様式が影響を受ける**調音様式の同化**，に分けることができる。なお，相互同化のうち，両者が交じり合って中間的な性質の1つの音になるものを**融合同化**（coalescent assimilation）または単に**融合**（coalescence）と呼ぶ。

　以上，同化の分類をしたが，英語でこれら全てのパターンが頻繁に起こるわけではない。英語の同化の多くは逆行同化である。次にタイプ別に例を示す。

Exercise 12-3 （同化）

調音位置の順行同化：happen /ˈhæpn̩/ → /ˈhæpm̩/

調音位置の逆行同化：pancake /ˈpænˌkeɪk/ → /ˈpæŋˌkeɪk/

　　　　　　　　　 ten girls /ˈten ˈɡɚlz/ → /ˈteŋ ˈɡɚlz/

　　　　　　　　　 good boys /ˈɡʊd ˈbɔɪz/ → /ˈɡʊb ˈbɔɪz/

声の逆行同化：of course /əv ˈkɔɹs/ → /əf ˈkɔɹs/

　　　　　　　 have to /ˈhæv tu/ → /ˈhæftu/

調音様式の順行同化＋調音位置・様式の逆行同化（相互同化の一種）：

　　　　　　　　　 in this car /ɪn ˈðɪs ˈkɑɹ/ → [ɪðɪsˈkʰɑɹ]

※この例は this なので意味の判別に影響はないが，もしも the であったとしたら，"a" との区別は困難であろう。

　　　　　　　　　 in a car [ɪnəˈkʰɑɹ] vs in the car [ɪðəˈkʰɑɹ]

Exercise 12-4 （融合同化）

/tj/	→	/tʃ/	can't you
/dj/	→	/dʒ/	mind you
/sj/	→	/ʃ/	this year
/zj/	→	/ʒ/	as you already know

　脱落・挿入については主に単語を例にして説明したが，同化とともに，本章で扱った内容は連続発話の中でよく起こる現象である。他にも様々な現象があるが，そういうものについては，読者自身で英語音声を収集し，その中から見つけて説明を試みてみると理解が深まるであろう。

読書案内

【発音教本】
　本書は枠組み・理論を中心に扱っているため，本書の内容だけでは発音訓練は不足である。以下はそれを補う練習材料を提供してくれる教材である。

《アメリカ発音》
Beverly A. Lujan, *The American Accent Guide*. 2nd ed. (Lingual Arts, 2004)　CD 8 枚付属。
《イギリス発音》
Mark Hancock, *English Pronunciation in Use* (Cambridge University Press, 2003)　CD 付属とカセットテープ付属が選択できる。
Ann Baker, *Ship or Sheep? An Intermediate Pronunciation Course*, 3rd edition. (Cambridge University Press, 2006)　CD 付属。

【英語音声学の概説書】
　本書は一つの枠組みで英語音声を記述しているに過ぎない。なるべく，違った角度から英語の音声を記述した教科書も読んで複眼的に英語音声を把握することが望ましい。そのような本として，以下のものがある。

竹林滋・斎藤弘子『新装版 英語音声学入門』（大修館書店，2008）
川越いつえ『新装版 英語の音声を科学する』（大修館書店，2007）
松坂ヒロシ『英語音声学入門』（研究社出版，1986）
窪薗晴夫・溝越彰『英語の発音と英詩の韻律』（英潮社，1991）
今井邦彦『新しい発想による英語発音指導』（大修館書店，1989）
ピーター・ローチ（島岡・三浦訳）『英語音声学・音韻論』（大修館書店，1996）
Alan Cruttenden, *Gimson's Pronunciation of English*. 7th ed. (Routledge, 2008)
J. S. ケニヨン（竹林滋訳注）『アメリカ英語の発音』（大修館書店，1973）
※ローチ，Cruttenden はイギリス発音のみを扱う（Cruttenden の方が詳しい）。ケニヨンの本は唯一のアメリカ発音概説書だが，出版年が古く，そのため内容も古い点を差し引く必要がある。

　以下の 2 点は，日本語で読める最も詳しい本。

竹林滋『英語音声学』（研究社，1996）

桝矢好弘『英語音声学』（こびあん書房，1976）

【日本語音声学】
　本書でも日本語の音声についてひととおりのことは述べたが，それを補うもの。

川上蓁『日本語音声概説』（おうふう，1977）
城田俊『日本語の音―音声学と音韻論―』（ひつじ書房，1995）
中條修『日本語の音韻とアクセント』（勁草書房，1989）

【一般音声学】
　英語の音声についてさらに詳しく調べたい場合，あるいは他の言語の音声を調べたい場合には，本書で扱った以上の一般音声学の知識が必要である。そのための教科書。

斎藤純男『日本語音声学入門』改訂版．（三省堂，2006）
ピーター・ラディフォギッド（竹林・牧野訳）『音声学概説』（大修館書店，1999）
J. C. キャットフォード（竹林・設楽・内田訳）『実践音声学入門』（大修館書店，2006）

【音声科学（the phonetic sciences）】
　近年の音声学は，音声工学，障害音声治療など理科系分野との関係が強くなり学際的な様相が強くなってきている。そのような観点からの本。

田窪行則・窪薗晴夫・白井克彦・前川喜久雄・本多清志・中川聖一『岩波講座言語の科学（2）音声』（岩波書店，1998）
Peter Ladefoged and Sandra Ferrari Disner, *Vowels and Consonants: An Introduction to the Sounds of Languages*. 3rd ed. (Wiley-Blackwell, 2012)
※1点目は日本語で書かれているが，文科系の人にとっては内容的にやや敷居が高い。2点目の方が英語も含めて平易である。

【音響音声学】
　音声について物理的側面から調べたい場合，音響音声学の知識や実験手法を学ぶことが必要になる。以下はそのための教科書。

レイ・D・ケント/チャールズ・リード（荒井・菅原監訳）『音声の音響分析』（海文堂，1996）
Keith Johnson, *Acoustic & Auditory Phonetics*. 3rd ed. (Wiley-Blackwell, 2011)
※邦訳のない2点目の方が内容は平易。英語も難しくはない。聴覚音声学・

音声知覚を取り上げている点でも優れている。

【音韻論】

本書では音素のみを扱ったが，音声の抽象的な体系化にはもっと様々な側面がある。その方面へ勉強を進めたい場合に薦められる本。

Philip Carr（竹林・清水訳）『英語音声学・音韻論入門』（研究社，2002）
※英語の音韻体系を追求する手始めとしては最も手頃な本。
窪薗晴夫『音声学・音韻論』（くろしお出版，1998）
※主に日本語と英語の対照研究という観点から音韻論を説明している。
Iggy Roca & Wyn Johnson, *A Course in Phonology*. (Blackwell, 1999)
※700ページを超える大冊だが，英語は平易で説明も丁寧なので理解しやすい。

参考文献 (ABC 順)

Abercrombie, David. (1967) *Elements of General Phonetics*. Edinburgh: Edinburgh University Press.
Ashby, Michael and John Maidment. (2005) *Introducing Phonetic Science*. Cambridge: Cambridge University Press.
Ashby, Patricia. (1995) *Speech Sounds*. London: Routledge.
Avery, Peter and Susan Ehrich. (1992) *Teaching American English Pronunciation*. Oxford University Press.
Baker, Ann. (2006) *Ship or Sheep? An Intermediate Pronunciation Course*, 3rd edition. Cambridge: Cambridge University Press.
Ball, Martin J. and Joan Rahilly. (1999) *Phonetics: The Science of Speech*. London: Arnold.
Bolinger, Dwight. (1986) *Intonation and Its Parts: Melody in Spoken English*. Stanford: Stanford University Press.
Bolinger, Dwight. (1989) *Intonation and Its Uses: Melody in Grammar and Discourse*. Stanford: Stanford University Press.
Bybee, Joan. (2001) *Phonology and Language Use*. Cambridge: Cambridge University Press.
Carr, Philip. (1999) *English Phonetics and Phonology: An Introduction*. Oxford: Blackwell.〔竹林・清水訳『英語音声学・音韻論入門』(研究社, 2002)〕
Catford, J. C. (1977) *Fundamental Problems in Phonetics*. Edinburgh: Edinburgh University Press.
Catford, J. C. (2001) *A Practical Introduction to Phonetics*. 2nd ed. Oxford: Oxford University Press.〔竹林・設楽・内田訳『実践音声学入門』(大修館書店, 2006)〕
Celce-Mercia, Marianne, Donna M. Brinton and Janet M. Goodwin. (1996) *Teaching Pronunciation: A Reference for Teachers of English to Speakers of Other Languages*. Cambridge: Cambridge University Press.
Chapman, Ciobhan. (1998) *Accent in Context: The Ontological Status and Communicative Effects of Utterance Accent in English*. Bern: Peter Lang.
Chomsky, Noam and Morris Halle. (1968) *The Sound Pattern of English*. Cambridge, MA: The MIT Press.
Clark, John and Colin Yallop. (1995) *An Introduction to Phonetics and Phonology*. 2nd ed. Oxford: Blackwell.
Coleman, John. (2005) *Introducing Speech and Language Processing*. Cambridge: Cambridge University Press.

Collins, Beverly and Inger M. Mees. (2003) *Practical Phonetics and Phonology: A Resource Book for Students*. London: Routledge.
Couper-Kuhlen, Elizabeth. (1986) *An Introduction to English Prosody*. London: Arnold.
Cruttenden, Alan. (1997) *Intonation*. 2nd ed. Cambridge: Cambridge University Press.
Cruttenden, Alan. (2008) *Gimson's Pronunciation of English*. 7th ed. London: Routledge.
Dalton, Christiane and Barbara Seidlhofer. (1994) *Pronunciation*. Oxford: Oxford University Press.
Durand, Jacques. (1990) *Generative and Non-linear Phonology*. Harlow: Longman.
英語音声学研究会（2003）『大人の英語発音講座』 日本放送出版協会．
Finegan, Edward and John R. Rickford. (2004) *Language in the USA: Themes for the Twenty-first Century*. Cambridge: Cambridge University Press.
Goldsmith, John A. (ed.) (1999) *Phonological Theory: The Essential Readings*. Oxford: Blackwell.
Hancock, Mark. (2003) *English Pronunciation in Use*. Cambridge: Cambridge University Press.
Hartman, James. (1985) "Guide to Pronunciation." In Frederic G. Cassidy (ed.) *Dictionary of American Regional English, Volume I*, pp. xli-lxi. Cambridge, MA: The Belknap Press of Harvard University Press.
Hayward, Katrina. (2000) *Experimental Phonetics*. Harlow: Pearson Education.
Hawkins, Peter. (1984) *Introducing Phonology*. London: Hutchinson.
Hickey, Raymond. (2004) *Legacies of Colonial English: Studies in Transported Dialects*. Cambridge: Cambridge University Press.
今井邦彦『新しい発想による英語発音指導』（大修館書店，1989）
International Phonetic Association, The. (1999) *Handbook of the International Phonetic Association: A Guide to the Use of the International Phonetic Alphabet*. Cambridge: Cambridge University Press.〔竹林・神山訳『国際音声記号ガイドブック―国際音声学会案内―』（大修館書店，2003）〕
Johnson, Keith. (2011) *Acoustic & Auditory Phonetics*. 3rd ed. Chichester, UK: Wiley-Blackwell.
Jones, Daniel. (1960) *An Outline of English Phonetics*. 9th ed. Cambridge: Cambridge University Press.
神山孝夫（1995）『日欧比較音声学入門』 東京：鳳書房．
川上蓁（1977）『日本語音声概説』 東京：おうふう．
川越いつえ（2007）『新装版 英語の音声を科学する』 東京：大修館書店．

Kent, Ray D. and Charles Read. (2002) *Acoustic Analysis of Speech*. 2nd ed. Albany: Thomson Learning.〔荒井・菅原監訳『音声の音響分析』（海文堂，1996）〕

Kenworthy, Joanne. (1987) *Teaching English Pronunciation*. Harlow: Longman.

Kenyon, John Samuel. (1994) *American Pronunciation*. 12th ed., expanded. Ann Arbor: George Wahr.〔竹林滋訳注『アメリカ英語の発音』（大修館書店，1973）〕

Knowles, Gerald. (1987) *Patterns of Spoken English: An Introduction to English Phonetics*. Harlow: Longman.

小泉保（2003）『改訂・音声学入門』 東京：大学書林．

König, Ekkehard and Johan van der Auwera (eds.) (1994) *The Germanic Languages*. London: Routledge.

窪薗晴夫（1998）『音声学・音韻論』 東京：くろしお出版．

窪薗晴夫・溝越彰（1991）『英語の発音と英詩の韻律』 東京：英潮社．

Ladd, D. R. (2008) *Intonational Phonology*. 2nd ed. Cambridge: Cambridge University Press.

Ladefoged, Peter. (2005) *A Course in Phonetics*. 5th ed. Boston: Thomson Wadsworth.〔竹林・牧野訳『音声学概説』（大修館書店，1999）〕

Ladefoged, Peter and Sandra Ferrari Disner. (2012) *Vowels and Consonants: An Introduction to the Sounds of Languages*. 3rd ed. Chichester, UK: Wiley-Blackwell.

Ladefoged, Peter and Ian Maddieson. (1996) *The Sounds of the World's Languages*. Oxford: Blackwell.

Laver, John. (1994) *Principles of Phonetics*. Cambridge: Cambridge University Press.

Lujan, Beverly A. (2004) *The American Accent Guide*. 2nd ed. Salt Lake City: Lingual Arts.

MacKay, I. R. A. (1987) *Phonetics: The Science of Speech Production*. Boston: Little, Brown and Co.

Makino, Takehiko. (2000) "A Framework for Evaluating the Pronunciation Entries in English Dictionaries: Expanding Wells' Standard Lexical Sets." *The Bulletin of the Department of Language and Literature, Kyoritsu Women's Junior College*, No.43, pp.1-6.

牧野武彦（2002 a）「音声を捉える尺度」『言語』第 31 巻第 11 号：30-37．東京：大修館書店．

牧野武彦（2002 b）「IPA とは何か」『言語』第 31 巻第 11 号：38-41．東京：大修館書店．

牧野武彦（2003-2004）「連載・新しい音声学入門（1）～（6）」『言語』第 33 巻第 1 号：92-97，第 2 号：96-101，第 3 号：96-101，第 4 号：92-97，第 5 号：94-99，第 6 号：92-97．東京：大修館書店．

Malmberg, Bertil. (1970) *La phonétique*. 8e éd. Paris: Presses Universitaires de France.〔大橋保夫訳『改訂新版・音声学』(白水社, 1976)〕
桝矢好弘 (1976)『英語音声学』 東京:こびあん書房.
松坂ヒロシ (1986)『英語音声学入門』 東京:研究社出版.
McArthur, Tom. (2002) *Oxford Guide to World English*. Oxford: Oxford University Press.
中條修 (1989)『日本語の音韻とアクセント』 東京:勁草書房.
南條健助 (2001)「音声学・音韻論」 安藤貞雄・澤田治美 (編)『英語学入門』pp. 32-71. 東京:開拓社.
西原哲雄・那須川訓也 (編) (2005)『音韻理論ハンドブック』 東京:英宝社.
Obendorfer, Rudolf. (1998) *Weak Forms in Present-day English*. Oslo: Novus Press.
O'Connor, J. D. (1973) *Phonetics*. London: Penguin Books.
Pierrehumbert, Janet and Mary Beckman. (1988) *Japanese Tone Structure*. Cambridge, MA: The MIT Press.
Pike, Kenneth L. (1943) *Phonetics*. Ann Arbor: The University of Michigan Press.
Pullum, Geoffrey K. and William A. Ladusaw. (1996) *Phonetic Symbol Guide*. 2nd ed. Chicago: The University of Chicago Press.〔土田・福井・中川訳『世界音声記号辞典』(三省堂, 2004)〕
Roach, Peter. (2000) *English Phonetics and Phonology: A Practical Course*. 3rd ed. Cambridge: Cambridge University Press.〔島岡・三浦訳『英語音声学・音韻論』(大修館書店, 1996)〕
Roach, Peter, James Hartman and Jane Setter. (eds.) (2003) *English Pronouncing Dictionary*. 16th ed. Cambridge University Press.
Roca, Iggy and Wyn Johnson. (1999) *A Course in Phonology*. Oxford: Blackwell.
Rogers, Henry. (2000) *The Sounds of Language: An Introduction to Phonetics*. Harlow: Pearson Education.
斎藤純男 (2006)『日本語音声学入門』改訂版. 東京:三省堂.
Schneider, Edgar W., Kate Burridge, Bernd Kortmann, Rajend Mesthrie and Clive Upton. (2004) *A Handbook of Varieties of English. Volume 1: Phonology & CD-ROM: A Multimedia Reference Tool*. Berlin: Mouton de Gruyter.
Schubiger, Maria. (1977) *Einführung in die Phonetik*. 2.überarb. Aufl. Berlin: Walter de Gruyter.〔小泉保訳『新版 音声学入門』(大修館書店, 1982)〕
城田俊 (1995)『日本語の音―音声学と音韻論―』 東京:ひつじ書房.
Shockey, Linda. (2003) *Sound Patterns of Spoken English*. Oxford: Blackwell.
竹林滋 (1982)『英語音声学入門』 東京:大修館書店.

竹林滋（1996）『英語音声学』 東京：研究社．
竹林滋・斎藤弘子（2008）『新装版 英語音声学入門』 東京：大修館書店．
竹林滋・渡邊末耶子・清水あつ子・斎藤弘子（1991）『初級英語音声学』 東京：大修館書店．
田窪行則・窪薗晴夫・白井克彦・前川喜久雄・本多清志・中川聖一（1998）『岩波講座言語の科学（2）音声』 東京：岩波書店．
Venditti, J. J. (2005) "The J_ToBI model of Japanese intonation." In S.-A. Jun. (ed.) *Prosodic Typology: The Phonology of Intonation and Phrasing*. Oxford: Oxford University Press.
渡辺和幸（1994）『英語イントネーション論』 東京：研究社出版．
Wells, J. C. (1982) *Accents of English*. Cambridge: Cambridge University Press.
Wells, J. C. (2008) *Longman Pronunciation Dictionary*. 3rd ed. Harlow: Pearson Education.
Wolfram, Walt and Robert Johnson. (1982) *Phonological Analysis: Focus on American English*. Washington, D. C.: Center for Applied Linguistics.
Wolfram, Walt and Natalie Schilling-Estes. (1998) *American English*. Malden, MA: Blackwell.

索 引

＊説明が載っているページやその語が重要な意味を持っているページのみを収録した。

[日本語]

あ行

明るい L　54
アクセント　38, 40, 110
アクセント核　110
頭高型アクセント　111
r の音色の母音　72, 73
r の三重母音　73
r の二重母音　70, 72
言い返し　138
Yes-No 疑問文　138
異音　24
息漏れ声　6
維持的調音結合　20
位置異音　25
韻脚　134
咽頭　3, 4, 5
咽頭音化　22
咽頭壁　4
イントネーション　110, 115
イントネーション句　113, 114, 136
円唇化　21
円唇母音　9
音響音声学　3
音響分析　121
音声学的名称　10
音声器官　3
音声的環境　25, 35
音声表記　12, 26
音節　27, 106, 110
音節主音的子音　107
音節量　108
音素　24
音素体系　28
音素配列　27
音素表記　26, 29
音調　120
音調核　125

か行

開音節　27, 35
開放母音　35, 36
核　125
核音調　136, 137
下降上昇調　117, 119, 120, 138
下降調　117, 119, 137
下降二重母音　38
活用形　26
完全母音　36
感嘆文　137
気音　56
聞こえ度　106
機能語　124, 130
起伏式アクセント　111
基本周波数　111
基本母音　9
逆行同化　144
強アクセント　121
境界ピッチ運動　116
強形　125
強勢移動　135
強勢衝突　135
強勢拍リズム　133
強勢アクセント　121
強母音　35, 36, 39
唇　3
暗い L　54
軽音節　109
形態論　27
語アクセント　97, 110, 121
硬音　100

口蓋化　21
口蓋垂　4
口蓋帆　4
口腔　3
硬口蓋　4, 5
硬口蓋音化　21, 53
甲状軟骨　5
後舌母音　8
後舌面　5
交替性リズム　134
喉頭　3, 5
喉頭蓋　5
高母音　8
声の有無　14
声の同化　144
語幹　26
国際音声学協会　12
国際音声字母　12
語尾　26

さ行

三重子音字　99
三重母音　70
子音　6
子音結合　75
歯茎　4
歯茎吸着音　20
歯擦音　23, 53
自然下降　112
舌　4
舌打ち　20
舌先　5
自鳴音　16
弱アクセント　121
弱母音　35, 36, 38, 48
弱化　50
弱化母音　36
弱形　124, 126, 127
主アクセント　125
自由異音　25
重音節　109
重子音　22, 33
重子音字　98, 101

順行同化　144
上昇調　117, 119, 120, 138
唇音化　21
唇歯音　18
スペクトログラム　23
成節子音　107
声帯　3, 5, 6
声道　3
声道摩擦音　15
声門　5
声門気流機構　19
声門閉鎖　6
接近音　17, 55
舌根　5
舌尖　5
舌端　5
漸降　112
前舌母音　8
前舌面　5
顫動音　19
噪音　23
相互同化　144
挿入　142
相補的分布　25
阻害音　16
促音　32, 33, 113
側面解放　85
側面接近音　19
側面破裂　85
側面摩擦音　19
そり舌音　18
そり舌母音　47

た行

第1アクセント　41, 121
第一次基本母音　9, 10
帯気音　56
第2アクセント　41, 121
第二次基本母音　11
高さアクセント　110
卓立　110
脱落　23, 140
Wh疑問文　137

短音　100
弾音　16
短音節　109
短音符　101
単子音字　98
単顫動音　16
単母音　35, 38
短母音　35, 36
単母音字　100, 103
中高母音　8
中舌母音　8
中舌面　5
中低母音　8
中母音　8
長音　100
調音位置　13, 14
調音位置の同化　144
調音音声学　3
長音節　109
長音符　101
長音符号　38, 40
調音様式　13, 14
調音様式の同化　144
聴覚音声学　3
長子音　33
長母音　32, 35, 36
綴り字　50
強さアクセント　121
低母音　8
同化　144
同器官的　84
等時性　133
動詞の活用　25
頭部　136
特殊モーラ　28, 32, 109
独立モーラ　32, 113

な行

内容語　124, 125, 130
軟音　100
軟口蓋　4, 5
軟口蓋音化　21
軟口蓋気流機構　20
軟口蓋背面閉鎖　4
二重子音字　99
二重調音　17, 20
二重母音　35, 36, 38
二重母音字　102, 103
入破音　20
のどぼとけ　5

は行

歯　4
肺気流　19
肺気流機構　18
破擦音　15, 61
撥音　32, 33
破裂音　14, 56, 58, 60
破裂音の連続　83
半母音　17, 55
非円唇母音　9
鼻音　16, 67
鼻音化　23
鼻腔　3, 4
鼻腔解放　84
鼻腔破裂　84
鼻腔閉鎖　4
ピッチ　115, 119
ピッチアクセント　110
響き　106
BBC発音　88
尾部　136
鼻母音　23, 34, 83, 86
披裂軟骨　5
付加疑問　137, 138
複合語アクセント　131
副次調音　20
プロソディー　110
文アクセント　113, 124, 130
閉音節　28, 35
平叙疑問文　138
平叙文　137
閉塞音　16
平坦調　117, 119, 139
平板式アクセント　111
母音　6

母音の後の r　70
母音の中和　74
放出音　19
放出閉鎖音　19
放出摩擦音　19

ま行

摩擦音　15, 61
無気音　56
無声　6
無声化　23
命令文　137
モーラ　108
モーラ拍リズム　133
もり上がり舌母音　47

や行

融合　144
融合同化　144
有声　6
有声化　23
有声阻害音　53
有声の t　86
拗音　28, 32
容認発音　88
抑止母音　35, 36
予測的調音結合　20
呼びかけ　138

ら行

リズム　133
流音　53
両唇硬口蓋接近音　18
両唇軟口蓋接近音　17
連結の r　92

わ行

割り込みの r　92

[英語]

accent　110
acoustic phonetics　3
affricate　15
allophone　24
alveolar　15
alveolar click　20
alveolar ridge　4
anticipatory coarticulation　20
approximant　17
articulatory phonetics　3
arytenoid cartilage　5
aspirated　56
aspiration　56
assimilation　144
auditory phonetics　3
back　5
back vowel　8
blade　5
boundary pitch movement　116
BPM　116
brethy voice　6
breve　101
Cardinal Vowels　9
center　5
central vowel　8
checked vowel　36
clear L　54
closed syllable　28
coalescent assimilation　144
complementary distribution　25
consonant　6
consonant cluster　75
content word　124
Daniel Jones　9
dark L　54
declination　112
devoicing　23
diphthong　35, 36
double articulation　17, 20
ejective　19
ejective fricative　19

ejective stop 19
epiglottis 5
even stress 131
fall 117, 137
falling diphthong 38
fall-rise 117, 138
flap 16
foot 134
free variant 25
free vowel 36
fricative 15
front 5
front vowel 8
full vowel 36
function word 124
fundamental frequency 111
geminate 22
glottal 15
glottalic airstream mechanism 19
glottal stop 6
glottis 5
hard palate 4
head 136
heavy syllable 109
high vowel 8
homorganic 84
implosive 20
intonation 110
intonational phrase 114
intrusive r 92
IPA 12
isochrony 133
labialization 21
labial-palatal approximant 18
labial-velar approximant 17
labiodental 18
larynx 3, 5
lateral approximant 19
lateral plosion 85
lateral release 85
length 22
level 117, 139
light syllable 109

linking r 92
lips 3
liquid 53
long syllable 109
long vowel 36
lower-mid vowel 8
low vowel 8
macron 101
manner of articulation 13, 14
mid vowel 8
monophthong 35
mora-timed rhythm 133
nasal 16
nasal cavity 3
nasalization 23
nasal plosion 84
nasal release 84
nuclear tone 136
nucleus 125
obstruent 16
open syllable 28
oral cavity 3
palatal 15
palatal approximant 17
palatalization 21
palatoalveolar 15
perseverative coarticulation 20
pharyngealization 22
pharynx 3
phoneme 24
pitch accent 110
pitch and length accent 122
place of articulation 13, 14
plosive 14
positional allophone 25
postalveolar 15
postvocalic r 70
pre-fortis clipping 38
primary accent 121
Primary Cardinal Vowels 9
progressive assimilation 144
prominence 110
prosody 110

pulmonic airstream mechanism 18
Received Pronunciation 88
reciprocal assimilation 144
reduced vowel 36
regressive assimilation 144
retroflex 18
rise 117, 138
root 5
rounded vowel 9
RP 88
secondary accent 121
secondary articulation 20
Secondary Cadinal Vowels 11
semivowel 17
short syllable 109
short vowel 36
sibilant 23
soft palate 4
sonorant 16
sonority 106
spectrogram 23
speech organs 3
stress accent 121
stress clash 135
stress shift 135
stress-timed rhythm 133
strong accent 121
strong form 125
strong vowel 36
syllabic consonant 108
syllable 27

syllable structure 27
syllable weight 108
tail 136
tap 16
teeth 4
thyroid cartilage 5
tip 5
tone 120
tongue 4
trill 19
unaspirated 56
unrounded vowel 9
upper-mid vowel 8
uvula 4
uvular 16
velar 14
velar approximant 17
velaric airstream mechanism 20
velarization 21
velic closure 4
velum 4
vocal folds 6
vocal tract 3
vocal tract fricative 15
voiced 6
voiceless 6
voicing 14, 23
vowel 6
weak accent 121
weak form 124
weak vowel 36

[著者紹介]

牧野　武彦（まきの　たけひこ）

1965年京都市生まれ、新潟市に育つ。1987～88年米国University of Kansas留学。1989年東京外国語大学英米語学科卒業。1991年同大学院外国語学研究科ゲルマン系言語専攻修了。共立女子短期大学専任講師を経て、現在、中央大学教授。

［著書］『大人の英語発音講座』（生活人新書80, 日本放送出版協会、2003年、共著）
［訳書］『音声学概説』（大修館書店、1999年、共訳）、『英語系諸語』（三省堂、2009年、監訳）
［辞書］『ポケット英和辞典』（研究社、2000年、分担執筆）、『新英和大辞典』第6版（研究社、2002年、発音分担執筆）、『グランドセンチュリー英和辞典』第4版（三省堂、2017年、編修委員）

［URL］http://www005.upp.so-net.ne.jp/takeh_m/

日本人のための英語音声学レッスン

© MAKINO Takehiko, 2005　　　　　　　NDC831/xii, 160p/21cm

初版第1刷──2005年7月10日
第7刷──2018年9月1日

著　者────牧野武彦
発行者────鈴木一行
発行所────株式会社　大修館書店
　　　　　〒113-8541　東京都文京区湯島2-1-1
　　　　　電話　03-3868-2651（販売部）　03-3868-2294（編集部）
　　　　　振替　00190-7-40504
　　　　　［出版情報］https://www.taishukan.co.jp

装丁者────岡崎健二
印刷所────壮光舎印刷
製本所────ブロケード

ISBN978-4-469-24503-5　Printed in Japan

Ⓡ本書のコピー、スキャン、デジタル化等の無断複製は著作権法上での例外を除き禁じられています。本書を代行業者等の第三者に依頼してスキャンやデジタル化することは、たとえ個人や家庭内での利用であっても著作権法上認められておりません。
本CDに収録されているデータの無断複製は、著作権法上での例外を除き禁じられています。

━━━ 大修館の本 ━━━

新装版 英語音声学入門　CD付　　　竹林滋, 斎藤弘子 著

好評のテキストの全面改訂版。英語の母音・子音の発音・聞きとりのポイントやリズム, アクセントについて説明し, 英語と米語の相違にもふれる。

A5判・242頁＋CD2枚　本体2400円

改訂新版 初級英語音声学　CD付

竹林滋, 清水あつ子, 斎藤弘子 著

好評の入門テキストの改訂版。長年の教授経験にもとづいて学ぶべき内容を見直し, 前著の4分の3のページにエッセンスをなす基礎知識を盛り込んだ。

A5判・170頁＋CD2枚　本体2400円

新装版 英語の音声を科学する　CD付　　　川越いつえ 著

日本語の発音との違いを折り込みながら, 英語の発音を分かり易く解説する。音韻現象についても, 日英の比較を通して具体的に記述する。

A5判・226頁＋CD1枚　本体2400円

英語音声学・音韻論　ピーター・ローチ 著　島岡丘, 三浦弘 訳

理論よりも実際の音を重視して書かれた, 現代英語の音声学・音韻論のテキスト。各章末に「問題点と関連文献についての注記」「練習問題」。

A5判・306頁　本体3800円

音声学概説　ピーター・ラディフォギッド 著　竹林滋, 牧野武彦 訳

英語を中心にした各言語データに基づき, 調音音声学, 音響音声学などの基本概念をわかりやすく解説し, 音声学の最近の動向にも触れる。

A5判・384頁　本体3500円

(定価＝本体＋税)